五輪汚職

記者たちが迫った祭典の闇

読売新聞社会部取材班

JN037802

中央公論新社

プロローグ

「Ｔｏｋｙｏ」

２０１３年９月７日（日本時間８日）、アルゼンチン・ブエノスアイレスの高級ホテルで開かれた国際オリンピック委員会（ＩＯＣ）総会。ジャック・ロゲ会長が７年後の五輪・パラリンピックの開催地を甲高い声で読み上げた瞬間、会場では、東京招致委員会のメンバーたちが喜びを爆発させた。

首相の安倍晋三や元首相の森喜朗、東京都知事の猪瀬直樹、日本オリンピック委員会（ＪＯＣ）会長の竹田恒和ら招致委幹部らが抱き合い、握手を交わす。後方では、紳士服大手「ＡＯＫＩホールディングス」製のグレーのオフィシャルスーツに身を包んだ白髪の紳士が、周囲に笑顔を振りまいていた。

高橋治之《はるゆき》――。

世界的な広告会社「電通」で専務まで務め、コンサルタント会社代表に転じた人物だ。招致委での肩書は「スペシャルアドバイザー」。IOCや国際サッカー連盟（FIFA）の要人らに深く食い込み、「スポーツビジネスの第一人者」との呼び声も高かった。

「東京五輪の招致は、僕でなければできなかった」

東京五輪・パラリンピックが世界的なコロナ禍による1年の延期を経て開催され、無事に幕を閉じた1年後の2022年7月。高橋は読売新聞東京本社社会部記者のインタビューに、招致成功における「功績」を雄弁に振り返った。さらに、自身が理事を務めた東京大会組織委員会が、スポンサー68社から五輪史上最高額の3761億円もの協賛金を集めたことを誇らしげに語る。

「まず僕が数社へトップ外交を仕掛けた。その後に電通がほかのスポンサーを集めていった。大成功だった」

自分の孫ほども年の離れた記者を前に、終始、余裕の表情を崩さない。

しかしこの時、社会部では、おびただしい数に上る関係者取材や資料分析から、高橋が特定のスポンサー企業から巨額の資金を秘密裏に受け取っていたことをつかんでいた。「最強の捜査機関」と呼ばれる東京地検特捜部もまた、高橋や電通をターゲットとして、徐々に包囲網を狭めていたのだった。

きらびやかな表舞台と国民の熱狂の陰に巣くった「五輪利権」。追及の発端は、その3か月前にさかのぼる。

目次

装幀　日下充典

五輪汚職

記者たちが迫った祭典の闇

第1章

疑惑を追う潜行取材

東京五輪・パラリンピックをめぐる汚職事件を他社に先駆けて報じた、
2022年７月20日朝刊１面のスクープ記事（読売新聞社）

幻の「ガサ」

２０２２年4月中旬、東京・霞が関の司法記者クラブ。日の落ちかけた夕刻、読売新聞東京本社社会部記者の早坂剛幸（44）は、自社のブースのサブキャップ席にいた。夕刊作業を終え、椅子にもたれて背伸びをする。朝刊作業まで、つかの間の休憩時間だ。

クラブには15の新聞・テレビ各社が加盟している。間仕切りで区切られたそれぞれのブースに、キャップやサブキャップをはじめ、検察や裁判の取材を手がける記者が詰めている。読売新聞はキャップの稲垣信（44）、早坂を含めて９人の記者が常駐し、東京地検特捜部の動向把握や、刑事・民事の裁判取材などに日夜忙しい。

机上の電話がけたたましく鳴り、早坂は我に返った。東京・大手町の読売新聞社会部からの電話だった。

「特捜部がガサに入ったという情報があるぞ」

「どこですか？」と早坂。

「スポーツジムの運営などを手がけている企業らしい」

特捜部が発表するのは、容疑者の逮捕や起訴に限られる。「ガサ」すなわち捜索の実施が公にされることはなく、記者たちは一から情報を集め、真偽を確かめなければならない。眠気が吹き飛んだ早坂は、新聞記事のデータベースなどを使い、この企業について調べ始めた。様々な情報がパソコン画面に表示されていく中、一つのトピックに目が留まる。

「東京五輪・パラリンピックの関連事業に参画している……？」

早坂は、クラブの外に出ていた検察担当らに裏を取らせることにした。検察担当は、英語で検察官を意味する「prosecutor」から、通称「Ｐ担」と呼ばれ、読売には４人いる。早坂はパソコンでＰ担４人との連絡用チャットを開いた。指示は電話で伝えた方が早いが、各社のブースの仕切り板と天井には隙間があり、記者同士の会話や電話の声が隣の社に聞かれてしまう恐れがある。

チャットに急いで文を打ち込んだ。

「特捜部がガサ。すぐに確認して」

P担は主に特捜部の動きを追う。特捜事件は社会的に大きな注目を集めることが多く、報道各社の競争は激烈だ。独自に開拓した情報源への取材や資料の分析から疑惑や不正の内容をつかみ、他社に先駆けて報じる「特ダネ」こそ、記者の最大の醍醐味。特ダネのためにP担たちは朝から晩まで取材に駆け回っていると言っていい。

早坂から指示を受けたP担の益子晴奈（31）は、後輩の徳山喜翔（31）、白井亨佳（28）とともに霞が関の検察合同庁舎に駆けつけた。残りの1人、鈴木慎平（29）は、捜索を受けている可能性がある企業の本社に急行する。

日比谷公園を見下ろす20階建ての庁舎には、特捜部を含む東京地検と、東京高検、最高検が入っている。特捜部に関する取材でこの「3庁」に取材できる機会は、平日の夕方のみ、それも幹部だけに限られる。普段なら、表面化していない事件のネタをぶつけることはない。捜査に関する情報を幹部がこの場で漏らすことはないからだ。とりわけ、特捜事件では秘密保持が徹底され、何を聞いても木で鼻をくくったような答えしか返ってこない。

だが、なりふり構っていられない。捜索の事実を確認できなければ、他社に抜かれる可能性もある。

「きょう、ガサ入っていますよね」

「地検から報告はないか」

検察幹部らは軒並み「知らない」「聞いていない」と答えた。「ガセネタだ」と強く否定した幹部もいた。益子ら３人は真偽を見定めようと食い下がったが、裏は取れない。鈴木が駆けつけた企業本社でも、特捜部の係官らの姿は深夜まで確認できなかった。

その後の取材で、特捜部は、強制捜査としての「ガサ」ではなく、任意での資料提出要請、いわゆる「任ガサ」を行っていたことがわかった。任ガサとは特捜部が内偵段階で行う証拠収集手段の一つで、この時点では立件するかどうかの見定めはできない。早坂は「しばらく動きを注視するしかないな」と益子に言った。

だが、極めて重要な情報も入手できた。それは、特捜部がこの企業の社長から任意で事情聴取し、その知人で、内閣官房に設けられていた東京五輪・パラリンピック推進本部の関係者への接待などを追及していたことだ。

「特捜検事であれば誰だって五輪はやりたいと思うよ。動いているカネの単位が違うからね」

益子は、懇意の取材先からそう聞いた記憶を呼び起こし、「あの言葉が現実になるのかもしれない」という思いにふけった。

最強の捜査機関

検察合同庁舎の9階と10階に入る東京地検特捜部は、「特殊・直告班」「財政班」「経済班」の3班で構成される。２０２２年4月当時、部長の市川宏（52）を筆頭として、各班のトップである副部長の下に10人程度の検事が配置され、捜査を支える検察事務官が約90人在籍している。

検察は本来、警察などの捜査機関が集めた証拠をもとに、容疑者の起訴・不起訴を判断し、起訴した場合には公判で有罪の立証を行うが、東京、大阪、名古屋の三つの地検にだけは、独自捜査をメインに手がける特捜部が設置されている。

特捜部は水面下の情報収集から、任意での事情聴取や資料提出要請、裁判所の令状を得て行う容疑者の逮捕や捜索、さらには起訴・不起訴の判断までを一手に担う強大な権限を持つ。その中でも東京地検特捜部は、過去に「ロッキード事件」や「リクルート事件」など政財界を巡る大型事件を何度も手がけ、「最強の捜査機関」と呼ばれてきた。

だが、外部からのチェックが利かない分、独善に陥る危険をはらむ。2010年には大阪地検特捜部の主任検事が自分の見立てに合うよう証拠を改ざんしていた事態が発覚。この証拠改ざん事件では主任検事のほか、部長や副部長が逮捕され、検事総長も辞任に追い込まれるという検察史上最大の不祥事に発展した。検察はこれを受け、録音・録画による取り調べの可視化、上級庁による証拠のチェック強化など、捜査の出直し的な改革に踏み切った。

大型の独自事件から手を引き、脱税事件や独占禁止法違反事件などを手がけてきた特捜部が、再び国民の注目を集めたのは、2018年に摘発した日産自動車会長カルロス・ゴーンを巡る事件だ。その後も、カジノを中核とした日本の統合型リゾート（IR）を巡る汚職事件、参院選広島選挙区の大規模買収事件などで閣僚経験者や国会議員を次々と摘発し、一気に表舞台へと返り咲いた。

Ｐ担４人の最年長で、後輩に取材の差配をする「仕切り」の益子晴奈は２０１３年に読売新聞入社。初任地の東北総局（仙台市）では、東日本大震災の被災地を取材した。２０１８年９月から東京本社社会部勤務となると、翌年10月にはＰ担に配属され、特捜部の「復活劇」を間近で見つめてきた。

仕切りになったのは２０２２年３月。にわかに浮上した「五輪」というキーワードを、懇意にしている検察関係者らに当ててみると、その内のひとりから感触を得ることができた。「特捜部は、複数の企業を触っているようだ」。益子の報告に、キャップの稲垣、サブキャップの早坂も驚きを隠せない。「構図を急いで詰めよう」。早坂のかけ声は、緊張と興奮で思わず上ずった。

特捜部のターゲットの特定

同じ頃、Ｐ担の鈴木慎平からの取材メモがメール送信された。宛先は、他のＰ担３人とキャップ、サブキャップ。Ｐ担のメモは常にこの６人にしか共有されない。政治家や企業にとってマイナスとなる情報が含まれていることがあり、万が一にも漏らすわけにはいかないからだ。

サブキャップの早坂剛幸は、外出先の路上で立ち止まり、スマホに届いた鈴木のメモを読み進めた。メモには、特捜部の捜査動向を示す内容に続き、ある人物の名字と勤務先での肩書が記されている。

2005年に入社した早坂は、東京、大阪両本社の社会部でP担を計約5年務めた。取材先から入手したわずかな情報を頼りに、特ダネをものにしてきた。逆に端緒がつかめず、複数の他社に抜かれる「特落ち」を経験したこともある。難易度が極めて高い検察取材において他社を上回るためには、初動段階での記者の直感や感触が重要だということを、身をもって知っている。

早速、鈴木に確認した。

「この名字の人って、特捜部が狙っている会社の関係者なのかな」

「間違いない。ターゲットです」

「よし。急いで特定するぞ」

人物の名字、勤務先での肩書、そして「五輪」――。

ありふれた名字と肩書だったため、特定は難航した。だが、法人登記や有価証券報告書などの公開情報を調べるうち、三つのキーワード全てが当てはまる企業があった。紳士服業界2位の「AOKIホールディングス」。東京五輪・パラリンピックでは招致段階からオフィシャルスーツの提供などで関わり、本大会でもスポンサーを務めていた。

続いて、P担たちは手分けして東京大会の公式資料を調べた。五輪の大会スポンサーは協賛金額などに応じて4ランクに分かれ、最高位は国際オリンピック委員会（IOC）と契約する「ワールドワイドパートナー」、その下に大会組織委員会と契約する国内スポンサーがあり、上から「ゴールドパートナー」、「オフィシャルパートナー」、「オフィシャルサポーター」となっていた。

スポンサーは、五輪のロゴやエンブレムを使用し、大会会場での広告・宣伝ができる。高ランクほど協賛金は高額で、広告・宣伝が早期から行えるメリットがある。AOKIがスポンサーになったのは2018年10月で、国内では遅いほうだ。「ビジネス&フォーマルウェア」カテゴリーのオフィシャルサポーターとして、2019年夏以降、五輪エンブレム入りのスーツやジャケットなどを一般向けに計約3万着販売。

さらに、日本代表選手団が開会式で着用した白と赤の公式服装の作製も手がけていた。スポンサーになれるのは国内有数の企業ばかりで、高額の協賛金が動く。他方、特捜部による内偵捜査の対象となっているスポーツジムの運営企業は、五輪の関連事業に参画していたが、スポンサーにはなっていない。

早坂と鈴木は声を潜めて話し合った。

「特捜のターゲットとしては、大会スポンサーだったAOKIのほうがふさわしいように思う」

「狙っているのが事実だとすれば、スポンサーに選ばれるために何らかの不正を働いたとみるのが妥当でしょう」

「マーケティング専任代理店」

政界や財界などに浮上した疑惑を調べ、報道にこぎ着けるまでには、多くの段階を踏まなければならない。まず、記者が自らの直感や経験をもとに疑惑の内容を吟味する。この時点で、明らかにガセネタと思われるものは省かれる。報道の価値があるとの判断に至ると、チームで取材を始め、入手した証言や資料を検討し、自分たちの「読み」に軌道修正を加え、疑惑の本質により迫る方法を議論する。捜査機関も関心を寄せている場合、摘発にどの法令が適用されうるのかといった研究も欠かせない。

P担の4人は、まず「どうすればスポンサーに選ばれるのか」といった五輪・パラの知識を蓄えることにした。2022年6月末に清算法人への移行が決まっていた大会組織委員会のホームページから膨大な資料を入手し、分析を重ねた。

組織委は、契約を結ぶ国内スポンサーからランクに応じて協賛金を集める。担当部局は「マーケティング局」だが、募集業務や協賛金交渉といった実務を「マーケティング専任代理店」だった大手広告会社「電通」に委託していた。関係先から入手した組織委の名簿をめくると、さらに興味深いことに気がついた。マーケティング局長以下、同局の多数の職員が、電通からの出向社員だったのだ。「これは、電通が企業を選んだ時点で、スポンサー入りが決まっているということじゃないか」。鈴木はそう読み解いた。

4人はここまで調べて、稲垣信、早坂剛幸と膝を突き合わせた。AOKIのスポンサー契約に絡み、ＡＯＫＩが何らかの不正を働きかけたと特捜部がみている。ＡＯＫＩと契約を結んだのは組織委だが、組織委と電通はほぼ一体。仮にＡＯＫＩが捜査を受ければ、電通の関与も問われることになるのではないか――。「そして、必ずカネが出ているはずだ」。早坂が付け加えた。

この時点では、全てが仮説にすぎない。だが、東京五輪を舞台に、広告業界の「ガリバー」として世界的な知名度を誇る電通に強制捜査が入るのだとすれば、前例のない大事件になる。「電通立件の可能性を排除せず、大きく構えて取材しよう」。６人の意思は統一された。

スポーツビジネスの第一人者

大型連休も終わり、世の中は動き始めていた。東京五輪・パラリンピックを巡る疑惑の端緒を得たＰ担４人は、本腰を入れて取材に取りかかった。

構図がおぼろげに見えてきた感触はあったが、益子晴奈はもがいていた。「捜査対象が組織委や電通と、ＡＯＫＩのスポンサー契約に絡むものと仮定したとして、一体誰が、何の容疑に問われるのだろう」。

夜討ち朝駆けを繰り返し、日中は司法記者クラブで資料を読み込む日々。突破口を求めていた益子に、ある取材先がヒントをくれた。

「オリパラ特措法28条をみるといい」

正式名称は、「令和三年東京オリンピック競技大会・東京パラリンピック競技大会特別措置法」。さっそくスマホで検索すると、第28条にはこう書かれていた。

〈組織委員会の役員及び職員は、刑法その他の罰則の適用については、法令により公務に従事する職員とみなす〉

つまり、組織委の役職員は「みなし公務員」として、一般の公務員と同様に、刑法などの罰則が適用される。職務に関して金品を受領すれば、収賄罪に問われる可能性があるということだ。

益子は「組織委職員のサンズイ……」と考えた。サンズイとは、「汚」の偏が「さんずい」であることに由来して、汚職事件を指す隠語だ。スポンサーのＡＯＫＩ、その募集業務を担った電通、みなし公務員である組織委職員の間で資金のやりとりがあり、職務権限を持つ組織委職員が収賄罪に問われる可能性がある、との見立てが頭に浮かぶ。

さらに、鈴木慎平がある取材先からヒントを得た。「電通だけど、電通じゃない、でも組織委っていう人物がいる」。

そのトライアングルの中で、ある人物が浮上したのは、それから間もなくのことだった。高橋治之（78）――電通元専務にして、大会組織委員会の元理事。日本におけるスポーツビジネスでは、「第一人者」との評判もある人物だ。

高橋治之は１９４４年４月６日、日本教育テレビ（現・テレビ朝日）の取締役も務めた実業家・高橋義治の長男として生まれた。弟には、バブル期に「イ・アイ・イ」グループを率いてリゾート開発を手がけ、旧東京協和、安全両信用組合の不正融資事件で背任罪に問われた元東京協和信組理事長の高橋治則（２００５年、上告中に59歳で死去）がいる。

高橋治之は慶応幼稚舎から中学、高校を経て、慶応大法学部に進学し、卒業後は電通に入社してスポーツビジネス部門に配属された。１９７７年には日本で開催された「サッカーの王様」ペレ（ブラジル）の引退記念試合の興行を成功させた。

サッカーを中心とするスポーツビジネスを足がかりに、電通で出世街道を突き進ん

高橋治之大会組織委員会元理事（読売新聞社）

だ高橋の力の源泉は、国内外に作った豊富な人脈だ。その象徴が、国際サッカー連盟（ＦＩＦＡ）第8代会長のゼップ・ブラッター。1979年に日本で開催されたサッカー世界ユース選手権の運営時に知り合い、共に現場で苦労を重ね、年を経るごとに親密さを増した。電話1本かければブラッターに直接会える高橋を、電通の後輩や周囲は羨望のまなざしで眺めていたという。

そのハイライトが、日本と韓国の共同開催となったサッカー・ワールドカップ（Ｗ杯）2002年大会だ。招致段階から関わり、運営にも力を尽くした高橋は電通の社報「電通人」同年7月号で、ブラッターらと並んだ写真のもと、「電通社員なくして、このイベントは存在し得ないと言っても過言ではない」と誇らしげに語っていた。

高橋はその後、専務などを経て顧問となり、2011年6月に退社。その後、都内のコンサルタント会社「コモンズ」の代表取締役に収まった。電通時代からの人脈を保ち、東京招致委員会に「スペシャルアドバイザー」として迎え入れられた。

電通時代、高橋の部下だった元大学教授は、高橋をこう評した。

「海外の要人にもはっきりと意見を言える勇気と、行動力、リーダーシップがあった。ブラッターとの関係をテコに人脈を広げ、周囲からも一目置かれる存在になっていった。日本にスポーツビジネスを根付かせた第一人者だ」

「高橋ルート」に舵

権力者の不正や癒着の存在を社会に知らせ、その実態を解明していく。そんな使命を帯びるP担に、在京各社はえりすぐりの記者を投入してきた。粘り強くネタを求める記者、巧みに取材先の懐に入り込む記者、ブツ読みに優れた記者……。厳しい競争を勝ち抜くための資源は、詰まるところ「人」でしかない。

高橋治之、AOKI、電通という三者の関係を突き詰める必要性に駆られているが、一方で、スポーツジム運営企業に対する捜査が終わったとも聞いていない。このため、キャップの稲垣信は、P担4人を「高橋ルート」につぎ込むことができずにいた。「特捜部がどちらを本筋にしているのかが分からない以上、二正面作戦を続けるしかない」。稲垣は、右隣のサブキャップ席に座る早坂剛幸に、ジリジリとした思いを伝えた。

司法記者クラブでは、読売のほか、朝日新聞、毎日新聞、共同通信といった新聞・通信各社と、NHKや民放が検察取材で激しくしのぎを削ってきた。他社がいま何を取材し、どんなレベルに達しているのかはわからない。特ダネを1面や朝のニュースで報じられ、後追い取材を強いられることほど、記者としてつらいことはない。

稲垣は2001年入社。「judge」(裁判官)を由来とする「J担」(裁判担当)を長年務め、東京地裁や高裁で行われる刑事や民事の裁判を取材した後、最高裁担当を経験した。キャップに選ばれたのは2021年12月。これまで検察取材の経験がない分、日頃から早坂やP担の意見に耳を傾け、意思疎通を図るよう努めてきた。

取材が進むほど、「他社も同じ程度に知っているかもしれない。いつ抜かれてもおかしくない」という不安も増し、満足に眠れない日が続いていた。そんな中、P担になって間もない白井亨佳から一報がもたらされた。

「スポーツジム運営企業に捜査が進む可能性は低いようです」

２０１６年入社の白井は、初任地の横浜支局で警察取材を担当し特ダネを連発した。２０２１年12月に社会部に異動し、２０２２年３月にＰ担となったが、とりつく島もない検事たちを相手に苦戦が続いていた。そんな白井が、持ち前の突破力と粘り強さで勝ち取った「初手柄」が、スポーツジム運営企業への捜査の展開を否定した取材先の一言だった。ほかの取材先からも、この線が縮小傾向にあるとの感触が得られた。

「よし、これで絞れるぞ」。稲垣はこの瞬間、「高橋ルート」への全力投入に舵《かじ》を切った。

月１００万円のコンサル料

６月も半ばを過ぎると、うだるような暑さに取材の足もつい重くなる。この年は７月に近づくにつれ、最高気温が30度を大幅に超える日が続いた。

Ｐ担の徳山喜翔は事件関係者を待っていた。学生時代にラクロスで鍛えたスポーツマンだが、暑さと、絡みつくような湿気に体力を奪われるのを感じる。だが、聞き出さなければならないことがあった。

「組織委理事が大会スポンサーから賄賂《わいろ》を受け取っていた」というパズルを完成させるには、欠けているピースがいくつもあった。高橋はＡＯＫＩからいくらもらったのか、ＡＯＫＩは何を高橋に求めたのか、電通がどんな役回りだったのか――。

高橋とＡＯＫＩ側の関係については、おおむね分かってきていた。

ＡＯＫＩを創業した青木拡憲《ひろのり》（83）は約20年前、知人の紹介で高橋と知り合った。２００９年頃には、高橋が開催に関わる著名なゴルフ大会でＡＯＫＩがスポンサーを務めるなど関係を深め、年に数回会食する間柄になった。

東京招致委員会のスペシャルアドバイザーとして招致事業の資金集めをしていた高橋は、青木に協力を依頼。２０１３年2月、ＡＯＫＩホールディングスは2億１００0万円の協賛金を支払い、招致委のオフィシャルパートナーとなった。東京大会開催が決定したブエノスアイレスの国際オリンピック委員会（ＩＯＣ）総会で、招致委のメンバーが着ていたオフィシャルスーツは、ＡＯＫＩが作製したもので、「勝負服」とも呼ばれた。

関係者の話に耳を傾けながら、徳山は頭の中で、これまでに得た情報とつなぎ合わせ、事実関係を更新していく。やがて、話は核心に及んだ。2017年頃から、AOKIは高橋の会社に月100万円のコンサルタント料を支払っていた——。高橋の会社とは、彼が代表取締役を務めるコンサル会社「コモンズ」のことだ。

高橋とAOKIを結ぶ「カネ」をついに発掘した。徳山は興奮しつつ、懸念も抱いた。

「民間同士のコンサルタント契約に基づく支払いならば、ただちに違法とは言えないんじゃないか」

徳山の問いに、関係者はもう一つ重要なことを明かした。コンサル料は、東京大会の終了後に半額に減らされていたというのだ。

「大会終了をもって半額に減らされるコンサル料の趣旨は、五輪としか思えない」

徳山は、重要なピースの一つが埋まったと実感した。

職務権限を巡る壁

AOKIから高橋への資金の流れをつかんだことに、キャップの稲垣信以下、一同がわき返った。

取材結果を整理すると、高橋が代表を務めるコモンズはAOKI側とコンサル契約を締結し、AOKI側からコモンズ名義の口座に、月100万円が振り込まれていた。資金の提供は、東京五輪が開幕する前の2017年秋から始まり、少なくとも閉幕後の2021年秋まで続き、その後、月50万円に減らされた。

P担の益子が電卓をたたく。月に100万円だとすると、1年で1200万円、3年で3600万円。さらに、2020年秋から翌年7月の開幕までの最低9か月で900万円がプラスされ、少なく見積もっても、4500万円に達する。

そもそも、組織委理事がスポンサー企業から4500万円もの大金をもらうことに倫理的な問題はないのだろうか――。益子は、国際オリンピック委員会（IOC）の倫理規程を調べた。その3条にはこうあった。

「オリンピック関係者またはその代理人は、オリンピック競技大会に関わるいかなる形態の報酬、手数料、また、いかなる性質の隠された利益、サービスも直接的にも間接的にも要求してはならず、受け取っても、提供してもならない」

徳山の取材結果に、この条文の内容を加味すれば、コモンズとAOKI側で交わされた契約や資金のやりとりは、少なくとも倫理面で問題だと指摘できそうだ。

その一方で、事件になるかどうかを見定めるには、クリアにしなければならない課題があった。高橋に職務権限があるのか――。こちらの取材は、高橋の名前が登場して以来、ずっと壁にぶち当たっていた。

組織委の役職員は法律で「みなし公務員」と規定されている。職務に関して金品を受領すれば、刑法の収賄罪に抵触する。「収賄罪」の法定刑は「５年以下の懲役」。さらに贈賄側から具体的な便宜を依頼されていた場合は、法定刑が「７年以下の懲役」とより重い受託収賄罪に問われる。

ただし、収賄罪の成立には、その公務員に職務権限がなければならない。例えば、ある業者が公共工事を受注できるように便宜を図ってほしいと思って公務員に金品を渡しても、受け取った相手が工事の発注に関する職務権限を持っていなければ「賄賂」にはならないのだ。

組織委には、活動の目的や運営に関する基本的なルールを定めた定款がある。その25条に、「理事の職務及び権限」としてこう書かれている。「理事は、理事会を構成し、法令及びこの定款で定めるところにより、職務を執行する」。ほかの条文をつぶさに読んでも、個々の理事が具体的にどんな職務権限を持つかは明示されていない。

ＡＯＫＩが月50万円〜１００万円を高橋の会社に提供する名目が「五輪」を含めたコンサル契約だったとしても、高橋に職務権限がなければ、単に契約に基づく民間同士の資金のやりとりとなる。倫理的な問題は別として、即座に「違法性がある」とは言えない。「公表されている資料をいくら当たっても、具体的な職務権限があるのかどうかわからない」。Ｐ担の鈴木慎平はもどかしい思いでいた。

サブキャップの早坂剛幸は鈴木と話すうち、自身の経験を思い出した。２０１０年9月の大阪地検特捜部の主任検事による証拠改ざん事件で、検察は国民の信頼を失った。当時Ｐ担だった早坂は、「今後10年は政界事件を摘発できない」と嘆く特捜検事らの声を間近で聞いてきた。

それに、冷静に考えれば、政治家が企業から不正な資金を手にしていても、「職務権限が弱い」として立件に至らなかったケースなど、過去にいくらでもある。五輪を舞台にした事件を摘発すれば、世界中から注目を浴びるが、無罪になれば、特捜部の信頼は再び地に落ちるかもしれない。「彼らが再び危険な橋を渡るとは思えない。職務権限が曖昧ならば、事件にはしないんじゃないか」。早坂と話しながら、鈴木は特捜部が「本気でサンズイをやるのかどうか」を確かめるため、懇意にしている関係者との接触を試みた。

「これは大事件になる」

この日も蒸し暑い夜だった。東京都内のある飲食店には、若者らの姿がちらほらと見えたが、2人の周りの客席は空いている。

本当に事件になるのか――。P担の鈴木は向かい合った関係者に、高橋やAOKIについて言葉を選びながら尋ねてみた。

関係者は箸の動きを止めた。

「スポンサー企業から少なくとも数千万円もらっている」

「五輪関係という趣旨での支払いだとわかっていたはずだ」

本気だ……。日頃は慎重な関係者が発した強い言葉に、鈴木は確信した。職務権限が曖昧なままならば、こんな物言いはしない。「自分たちの知らない何かを握っている」。

鈴木は2015年に入社し、初任地の千葉支局では県警担当を長く務めた。五輪の一部競技が県内で開催されたことをきっかけに、五輪を巡る過去の事件を調べたことがあった。「開催地の公務員が多数摘発されている。利権というものが本当にあるんだな」。その時はどこか遠くの世界で起きている事件ぐらいにしか思っていなかったが、2021年3月にP担に加わり、取材を重ねていくうち、五輪利権に迫っているとの手応えがあった。

「真の狙いは、電通やその先ですか」

鈴木の問いに、関係者は否定せず、そのまま押し黙った。

少なくとも高橋とAOKIの贈収賄罪での立件に向けて、検察は照準を定めつつある。電通をターゲットに入れている感触もつかめた。「これは大事件になる」。取材を終えた鈴木は、関係者の言葉を反すうしながら、ビールでのどの渇きを潤した。

「スポーツ界のドン」を直撃

2022年7月8日、真夏の太陽が照りつける東京・虎ノ門。P担の徳山喜翔は、高級マンションの前にたたずんでいた。訪ねる先は「スポーツビジネスの第一人者」と呼ばれる渦中の人物。約束より早く着いたが暑さなのか、はたまた緊張なのか、汗が噴き出し、首筋を流れていくのを感じた。

徳山は2014年入社。物おじせず、冷静に証言を引き出していく能力を買われ、高橋治之の取材を任された。彼のコンサルタント会社「コモンズ」が入るのは、マンションの11階。秘書から招き入れられ、仕事部屋に通される。

茶色に焦げた肌、首元がはだけたワイシャツ、喉の奥からひねり出すような低めの声色――。奥のデスクからゆっくりとした足取りで姿を見せた高橋は、「スポーツ界のドン」と言わしめる威厳を感じさせた。

あいさつを交わし、椅子に腰掛ける。テーブル横にあるテレビは、安倍晋三元首相が選挙演説中に銃撃を受けたというNHKニュースを映し出していた。「僕は安倍さんから頼まれて東京五輪の仕事を始めたんだよ」。テレビを食い入るように見つめる高橋。「こないだ食事をしようという話もあった」。

取材の時間は限られている。徳山は、高橋が言葉を継ぐ瞬間に切り込んだ。「組織委理事になった経緯を教えてください」。

「理事になってくれと頼まれて、なったんだよ」。高橋は語り始めた。組織委は２０１４年1月に発足し、会長には元首相の森喜朗が就いた。事業計画や予算の決議、民間企業への発注契約など重要事項を決める理事は、35人。高橋は２０１４年６月、35人目の理事として就任した。

「僕はできるだけ税金を使わず、民間の金で、五輪をやろうと思っていたんだ」

話は、スポンサー集めへと展開していく。

「東京五輪のスポンサーはまず僕がトップ外交で話をつけて、その勢いに電通の営業マンが乗った。３６００億円も集めるなんてＩＯＣが始まって以来のことだ」

「スポンサーを１業種１社に絞っていた五輪の慣例を、僕が１業種複数社に変えたんだ」

ゆったりとした口ぶりで、自らの主導で獲得した有名企業を挙げていく高橋。さらに続けた。「あと、ＡＯＫＩさん。洋服の。平昌五輪の時もユニフォームを作ってくれたし、東京五輪の招致にも協力してくれた」。ＡＯＫＩが自ら獲得したスポンサーだったことを、高橋は何に気兼ねすることもなく打ち明けていた。

「スポンサーをそれだけ集めて、報酬はもらっていないのですか」。高橋は慌てるそぶりもなく、頬を緩ませて徳山に話した。「全くもらっていない。ひどいでしょ。僕は他で儲けるからいいけど、五輪で悪いことしたら捕まっちゃうから」。

この日の取材は終わった。あっという間の1時間だった。

迫る捜査の本格化

高橋には、自らに捜査が迫っているとの危機感はかけらも感じられなかった。一方、特捜部は、任意でAOKI幹部らへの事情聴取を行い、P担たちは、その内のひとりがこう説明していることをつかんだ。

「高橋さんに五輪関係の人脈を紹介してもらったり、助言してもらったりして、自社の公式ライセンス商品がスムーズに販売できるようになることを期待した」

キャップの稲垣信、サブキャップの早坂剛幸、そして益子晴奈らP担4人は、この供述を重大視した。AOKIの資金提供の意図が、「コンサルタント会社代表の高橋にスポーツ関係のコンサルを依頼した」のではなく、「組織委理事の高橋に五輪事業での便宜を期待した」ことを示す内容だからだ。幹部は、高橋に支払っているコンサル料が賄賂になる可能性を認識していたことになる。

ＡＯＫＩ会長の青木拡憲と、その弟で同副会長の宝久《たかひさ》（76）が6月末にそれぞれ会長職と副会長職を退任。特捜部が全国から応援検事を取り、捜査態勢を拡充……。次々に入ってくる情報は、捜査の本格化が迫っていることを如実に表していた。


「益子、予定稿書いて」

記者クラブで、早坂は右隣の席に座る益子にそう促した。予定稿とは、社会的な関心の高い事件や裁判などで大量の出稿が求められることが予想される場合に、あらかじめ準備しておく原稿のことだ。取材結果を整理し、欠落している要素を浮き彫りにする意味もある。

この頃までには、高橋の職務権限もクリアになってきていた。複数の関係者への取材で、高橋がＡＯＫＩ側から受けた五輪事業に関する依頼を、組織委マーケティング局の電通出向組に指示していた、との証言が得られた。マーケティング局長が高橋の指示に沿って進めるよう部下に命じることもあったのだという。

「高橋の指示とマーケティング局の動きは相関関係にあり、実質的に、高橋には組織委内でスポンサー企業を決める職務権限があった」。P担4人が組み立てた仮説は、捜査の動きを知る誰からも否定されることはなかった。

7月中旬、読売本社。その一室に、稲垣と早坂、益子らP担の計6人がひそかに集まった。報道をどう打ち出していくか――。稲垣は意見を求めた。

「少なくともIOCの倫理規程には抵触するだろう」

「特捜部の態勢拡充やAOKI幹部らの供述を考えれば、高橋とAOKIが立件される可能性は高いと言えるのではないか」

「いや、捜査の動きをもう少し見極めるべきだ」

議論は熱を帯びた。稲垣は、検察取材の担当デスクである尾島崇之(48)に出稿を提案し、翌日、尾島も交えた打ち合わせが行われた。尾島は6人にこう指示した。

「取材はだいぶ進んでいるが、万が一、記事の内容に誤りがあれば、疑惑を指摘する人物の名誉を傷つけ、読者の信頼も落としてしまう。さらに裏付け取材が必要だ」

そして、高橋への2度目のインタビューが7月19日に設定された。

徳山喜翔が、ふたたび虎ノ門の高級マンションを訪れた。今回は、ＡＯＫＩ側からの資金提供について正面から聞くつもりだった。「きっと３度目はないだろう」。

取材の中盤、徳山は、ＡＯＫＩ側とコンサル契約を結んでいたのかどうか尋ねた。高橋は「うん」と即答し、悪気もない様子で契約の存在を認めた。

「スポーツのアドバイスをしたんだよ」

「東京五輪に協力したことは、会社の歴史に残る、と言って喜んでたよ」

ＡＯＫＩの創業者で前会長の青木拡憲との関係を示しながら、高橋は説明した。

徳山は質問を続けた。

「組織委職員はみなし公務員だが、問題はないのか」。すると、高橋は一瞬、こわばらせたような表情を見せた。「それは（立場を）きちっと分けて、利害が絡むことはしなかった。青木さんには、五輪の前からずっと相談に乗っていたから」。

高橋は語気を強めていく。

「組織委理事としてではなく、あくまでコンサルの立場でＡＯＫＩに正当なアドバイスをした対価を受け取っていただけだ」

「五輪とは関係ない。五輪が始まる前からビジネスとしてコンサルをやっているんだから」と強調してみせた。

特ダネを放つ重圧

「ＡＯＫＩとのコンサルタント契約、コンサル料の受け取りを認めた」

7月19日午後3時半過ぎ、徳山から、高橋に行った2度目のインタビュー結果の概要が共有された。ただ、コンサルの内容については、「五輪とは関係ない」と否定したとの報告だった。

「まさか、そこまで認めたか」。サブキャップの早坂剛幸は、高橋がコンサル料の受領まで認めたこと自体、驚きだった。特捜事件に限らず、不祥事など疑惑が浮上した当事者が、記者の取材に詳細を語ることは極めてまれだ。

だが、高橋は、徳山の取材に多弁だった。「東京五輪は自分が成功させたという自信がそうさせるのか」。早坂は、スポーツビジネスの第一人者として知られる高橋の豪胆さとともに、何かしら底の知れない不気味さも感じた。

徳山が高橋へのインタビューを終えた後の夕方。稲垣、早坂、益子らは再び本社の一室に集まり、これまでに積み上げてきた取材結果を整理した。

高橋は、徳山の取材にＡＯＫＩ側とのコンサル契約や資金提供を受けた事実を認めた。関係者の話を総合すると、高橋に対するＡＯＫＩ側の提供資金は少なくとも４５００万円で、ＡＯＫＩ側は、一般的なコンサルではなく、五輪事業に関する便宜を期待したものだったと特捜部に認めている。特捜部は、高橋に実質的な職務権限があったとみて、捜査態勢を拡充しており、いつ動き出してもおかしくない――。

刑事事件に発展すると言えるだけの客観的な根拠がそろった。「いち早く報道する必要がある」。稲垣や早坂らの意見は一致した。

特ダネを放つ時は、最後の一瞬まで気が抜けない。たとえ取材した記者やデスクが「間違いない」と腹を決めたとしても、往々にして、どこかに予断や油断が含まれているものだからだ。わずかな綻びが誤報を生み、誰かの名誉を不当に傷つけてしまう。稲垣らは、事実関係に誤りはないか、補強する新材料がないか、徹底的に詰めた。

夜にかけて、最新の取材結果が続々ともたらされた。記事の方向性を否定する関係者は誰ひとりいない。「よし、打つぞ」。尾島は稲垣らに言い、編集局の幹部らに決断を伝えた。原稿は、朝刊１面トップで扱われることが決まった。

〈五輪組織委元理事４５００万受領か　東京大会スポンサーＡＯＫＩから　東京地検捜査「公式商品販売で期待」〉

白字にベタ黒の強烈な見出しが付けられたゲラを、総出でチェックする。「校了まで時間ねえんだぞ！」「ここの書き方は大丈夫なのか」。怒号も飛び交う中、日付が変わり、作業は終わった。取材にあたった全員が、特ダネを送り出した重圧を感じた。あと何時間かすれば、世の中が騒然となるだろう――。

第2章

強制捜査から逮捕へ

2022年７月26日、大会組織委員会の高橋治之元理事の自宅に捜索に入る
東京地検特捜部の係官ら（読売新聞社）

五輪を舞台になぜ不正が起きたのか

読売新聞のスクープが世に出た２０２２年７月20日早朝。未明まで朝刊最終版の確認作業にあたっていた社会部遊軍の柏原諒輪《りょうわ》（38）は仮眠を取った後、大会組織委員会元理事・高橋治之の自宅へと向かった。東京・世田谷区の高級住宅街。スポンサー企業のＡＯＫＩ側から提供された４５００万円の受け皿となったコンサルタント会社「コモンズ」の登記上の本店所在地でもある。

周辺には他社の記者やテレビのカメラクルーも相次いで駆けつけ、その数は40人ほどに達していた。自宅から出てくる高橋を直撃し、疑惑について語ってもらう狙いだ。ジリジリと照りつける日差しが、張り番を続ける記者らの体力を奪っていく。だが、待てども高橋が現れる気配はない。

午前11時30分前。高橋がようやく玄関を出て、敷地内に止まっていたメルセデスの高級車「マイバッハ」の後部座席に乗り込んだ。高橋の表情をとらえようと各社のカメラマンらが一気にカメラを構える。車がゆっくりと玄関の門塀に近づくが、車中の高橋は報道陣に目も向けようともしない。

「高橋さん、一言お願いします」

「金銭授受はあったのですか」

テレビ局の記者が声を張り上げる。だが、それも虚しく、一切報道陣に応じないまま、車は走り去っていった。

柏原は2012年に社会部に配属されて以降、検察担当（P担）のほか、公正取引委員会、国税庁などの担当を務め、事件取材の経験を積んできた。この日の現場が発する熱量に、今後も各社が張り番を送り込む日々が続くのだろうと思った。

翌7月21日昼。大手町にある読売本社の会議室に、社会部の面々が顔をそろえていた。普段は、霞が関の司法記者クラブに詰めているキャップの稲垣信、サブキャップの早坂剛幸、益子晴奈らP担に加え、柏原、都梅《つばい》真梨子（36）、竹内駿平（33）といった元P担の記者たちが、今後の取材方針を話し合うためだ。冒頭、社会部長の早坂学（53）が口を開く。

「特捜部の捜査を追うだけではなく、五輪を舞台になぜ不正が起きたのか、背景を掘り下げていくことが大事だ」

この2月までP担を務めていた都梅は「大規模な事件になる」と感じていた。4年近い在任中は、日産自動車会長カルロス・ゴーンによる一連の事件、安倍晋三元首相側が主催した「桜を見る会」前夜祭を巡る事件などの取材を担当し、特ダネを連発した。P担の仕切りを益子に譲ってからも、独自の情報源を通じ、「強制捜査は近い」との見通しを得ていた。

社会部の会議では、大会組織委員会、組織委のマーケティング専任代理店だった大手広告会社「電通」、AOKIのほか、組織委に資金を拠出した日本オリンピック委員会（JOC）や東京都など、幅広い取材対象が挙げられた。応援記者として指名されたのは、柏原、竹内、都梅、糸井裕哉（44）、藤亮平（38）、福元理央（34）、福益《ふくます》博子（32）、佐藤果林《かりん》（31）の8人。この日結成された総勢14人の社会部取材班は、一つの疑惑を追うグループとしては、この10年で最大規模だ。

P担は捜査の動向や疑惑の核心に関する取材、すなわち「スジ」を追う。他部からの応援記者も加えた遊軍は、組織委に出向していた電通社員や都職員、JOC幹部らを担当し、五輪・パラの運営の実態を見極めることとなった。取材対象者は200人を優に越え、遠方に住む人も多いが、周辺取材は時に捜査当局も把握できないような証言や資料が得られることもある。検察に対する取材の材料になるし、連載などで疑惑を生んだ背景として書き込むこともできる。

取材班が目指したのは、AOKIがいつ、どのような過程を経てスポンサーに選定されたのか、組織委や電通とのやりとりも含め、詳細を把握することだった。そのためには、AOKIという企業の本質を探る必要があった。

AOKIの企業精神

特捜部の捜査対象として浮上した「AOKIホールディングス」は、会長の青木拡憲が一代で業界2位に育て上げた紳士服量販店だ。P担の鈴木慎平は、創業の地・長野にいた。

青木は第2次世界大戦が開戦した前年の1938年、長野市に生まれた。実家は裕福な米穀商だったが、戦時統制で米穀を扱えなくなり、質屋に商売替えした後に倒産。

家財道具は差し押さえられ、長男の青木は借金返済のため、行商をして一家を支えた。

手元にあった質物を風呂敷に包んで売り歩く苦しい日々。青木は七つ違いでまだ小学生だった弟・宝久とともに、借金を返しながら少しずつ石油缶にお金をためていった。青木は寝る間を惜しんで経営の勉強を続け、宝久は高校に通いながら自転車で売り回った。

鈴木は、青木と同郷で、中学時代から親しかったというAOKI社外監査役の渡辺一正（85）に話を聞いた。

「どんな兄弟だったんですかね」

「（青木は）頭が良くてスポーツも得意だったな。他の可能性もあったと思うんだけど、高校を出て洋服の世界に入った。大きい車で農協や郵便局を回ったり、会社の事業所に行って陳列したりしていた。宝久も高校に入った頃から働いていた。2人とも終戦後の苦労を知っている。私利私欲はないよ、あの兄弟は」

青木は行商で得た資金を元手に1958年、長野市内で個人商店「洋服の青木」を創業した。父の死を乗り越え、その7年後には1号店を構える。父の墓前で、母、宝久と「社会貢献」を誓った青木は1971年、長野駅前に出店し、大成功を収めた。

青木の知人が当時を振り返る。

「とにかくビジネス一直線な人。会社には経営理念があって、社会性、公益性、公共性の追求を重んじていた。彼は地域のため、日本のためになろうと日頃から考えている。昔から変わらないよ」

「あの頃、背広は百貨店でだいたい5万円か6万円、オーダーメイドじゃないとできなかった。拡憲は、サラリーマンが毎日着られるようにしないといけないと思っていた。『織る』『縫う』『売る』を一体の製造工程にして、価格を引き下げたんだよ」

青木は車社会の到来に対応して郊外に大きな店舗を次々に出し、売上高を伸ばしていった。1977年には東京への進出を果たし、1991年には東証1部に上場。AOKIは業界2位へと駆け上がっていった。

上場を果たした後、青木は「法人税の納税1千億円」の目標を掲げ、部下たちに自らを「1000番《せんばん》」と呼ばせるようにした。宝久も「初心忘るべからず」の意味を込めた「1番《いちばん》」と名乗った。兄弟はカラオケやブライダル、複合カフェ事業にも進出して経営の多角化を図り、教育分野への資金提供、奨学金の創設、被災地への寄付などにも力を入れた。

独特の呼称に、揺るがぬ理念、素早い経営判断。鈴木は、AOKI社内における創業家のパワーを感じ取った。「売り上げが桁違いになっても、従業員を多数抱えるようになっても、会社は創業時の精神のまま。青木兄弟の存在こそが『精神』なんだろう」。

青木が抱いた五輪への夢

1号店を開く前年にあたる1964年。青木拡憲は、東京・国立競技場の観客席にいた。目の前では、東京五輪の陸上競技が行われていた。観客の視線が選手たちに注がれる中、青木はひとり、審判の背広姿に見入った。当時26歳。「この手で作った服を、いつか五輪で」と夢を描いた。

五輪への執着は、その後も変わらなかった。東京進出を実現し、紳士服業界で大手と呼ばれるようになってからも、青木は周囲に「AOKIのサービスを五輪に残したい。世界に誇れる背広を作ってきた自信がある」と話していた。

ＡＯＫＩは、１９９８年長野冬季大会の理念を継承するイベントとして始まった「長野マラソン」で毎年オフィシャルスポンサーを務めてきた。同社幹部らによると、青木は、五輪が絡む事業となると前のめりになり、赤字を懸念する幹部の意見も聞かなかったという。

「日本選手団が開会式で着用する公式服装を作りたい」

「ＡＯＫＩのロゴが入った五輪関連の洋服や商品も作ってみたい」

社外監査役の渡辺一正も、五輪にかける青木のそんな思いを直接聞いていたと、鈴木の取材に語った。

2021年4月、長野県内で聖火リレーのランナーを務め、故郷に錦を飾った青木拡憲 AOKIホールディングス前会長（読売新聞社）

東京五輪３か月前の２０２１年４月。青木は、スポンサー企業枠で長野県内の聖火リレーに参加した。当時の読売新聞長野県版には、満面の笑顔でトーチを掲げ、ＡＯＫＩ社員も混じった沿道の人々に手を振る写真が掲載されている。

鈴木が知人らから聞いた青木像は、立志伝中の人物そのものだった。AOKI社内で絶大な権力を握る青木が、聖火リレーで故郷に錦を飾ってから1年。いま、彼は何を思っているのか、捜査が迫るのを感じているのだろうか。東京へと帰る新幹線で、鈴木は思いを巡らせた。

癒着の発端

「広い人脈を持つキーマンを探し、出会うこと」

「何かを始める際は自分の信念に基づいて『ダメでもともと』の精神で勢いよく進んで行く」

青木は、自著『何があっても、だから良かった 人間を磨き、格を高める経営』(PHP研究所)で成功の秘密をそう語っていた。2度目の東京大会開催が決定した後、スポーツビジネスの第一人者と呼ばれ、組織委理事の座に就いた高橋に接近したのは、青木の信念に照らせば必然だったと言える。

今回の疑惑へとつながる発端は、2017年1月に東京・六本木のステーキ店「そらしお」で開かれた会合だった。そらしおは高橋が経営し、スポンサー集めの「トップ外交」の舞台として使われていた。青木は部下らとともに、高橋との会食に臨んだ。「青木さんには、招致段階でオフィシャルパートナーになってくれた恩義がある」会食もたけなわとなった頃、高橋はそう切り出し、東京大会のスポンサーになれば、五輪の公式ロゴマークを使ったライセンス商品の販売ができると説いた。

多くのスポンサーを集めたい高橋は、青木にたたみかける。日本選手団が開会式で着用する公式服装もＡＯＫＩが作製できると約束し、さらに、本来は15億円の協賛金を、半額の7億5０００万円に減らすとまで言った。口説く高橋に、青木は「ブランド価値を高めることができる」とも考え、「やりましょう」と回答した。

創業者の鶴の一声で、ＡＯＫＩ社内では五輪事業への参入が「重要プロジェクト」と位置づけられ、それ以降、高橋との癒着を深めていく。

4日連続の強制捜査

２０２２年7月26日。記者やカメラマンが連日のように待機する東京・世田谷区の高橋宅に、大きな変化が訪れた。

未明からの雨がぽつぽつと降り続いていた午前7時。この日、張り番を命じられた社会部遊軍の糸井裕哉は、テレビカメラを肩に担いだ大勢のカメラマンや記者たちとともに、どんな動きも逃すまいと気を張っていた。

張り番を始めて2時間余り。黒いカバンを手にした男性3人、女性1人が足早に近づいてきた。

「東京地検です」

係官はインターホン越しに「家の中でお話をさせて下さい」と語りかける。その約5分後に扉が開き、次々に敷地内に入っていった。それから間もなく、大きなスーツケースを持った別の係官ら6人も加わる。東京地検特捜部が、高橋宅の捜索に踏み切った瞬間だった。

「特捜部の係官と思われる4人が高橋宅に入りました！」

糸井は、すぐさま司法記者クラブの読売ブースに電話。キャップの稲垣に一報を入れると、傘を投げ捨てて門塀の前に駆け出した。テレビのカメラクルーら約20人も一斉に駆け寄る。糸井はその先頭に立ち、一眼レフのカメラのシャッターを夢中で切り続けた。

〈五輪組織委元理事宅を捜索　東京地検　受託収賄容疑〉

メールで送られてきた夕刊紙面をスマホで確認すると、1面トップの大きな見出しに目がとまった。糸井が撮影した捜索の写真も大きく載っている。紙面の内容を確認し、我に返る糸井。気が付けば、全身ずぶぬれで、水を吸い込んだ靴は重くなっていた。

この日、特捜部は東京・汐留にある電通本社にも捜索に入った。高橋の受託収賄容疑の関係先という位置づけで、電通から組織委に出向していた社員が、高橋からAOKIの要望について頻繁に連絡を受けていたことが理由とみられた。深夜まで及んだ大がかりな捜索に、社内には動揺が走り、30歳代の男性社員は取材に、「五輪は電通にとって大きな仕事の一つで、東京大会はとりわけ特別な体制で臨んだ。不正疑惑が浮上したのは残念で、会社として捜査に協力すべきだ」と胸中を明かした。

特捜部の動きは続く。27日にはAOKI側への強制捜査を始め、まず東京・渋谷区にある青木の自宅を贈賄容疑で捜索。28日には横浜・都筑区のAOKI本社、29日にはAOKI専務執行役員の自宅にも入った。この間には、東京都庁第1本庁舎34階に入る組織委清算法人を電通同様に高橋の関係先として捜索したほか、大手広告会社

「ADKホールディングス」にも捜索に入った。

特捜部が4日連続で捜索するのは、近年では異例のことだ。捜索場所は多数に及んでおり、特に電通から押収した資料の内容が、益子晴奈は気にかかった。

任意段階で事件の筋道を付け、切り口となる強制捜査で大量の資料を収集し、いくつもの捜査ルートを設定して証拠を固め、最終目標に向かって突き進んでいく――。政治家を含め多数の要人を摘発してきた特捜部の「お家芸」だ。「これほど大規模な捜索に入るということは、事件はAOKIにとどまらない。どこまで拡大するのか」。益子は身震いする思いだった。

別の資金の流れも

特捜部の強制捜査は、社会に衝撃を与えた。電通は捜索を受けた7月26日に「捜査に全面的に協力する」とし、AOKIも「事態を厳粛に受けとめている」などのコメントを出した。高橋は関係者を通じ、不正への関与を否定した。組織委会長を務めた参院議員・橋本聖子（57）は「非常に残念だ。疑惑が残らないようにクリアにされていかなければならない」と記者団に語り、日本オリンピック委員会（JOC）とともに組織委に資金を出していた東京都の知事・小池百合子（70）も「（捜査を）注視していく」と話した。

高橋側への捜索容疑となった受託収賄罪は、公務員がその職務権限に関し、贈賄側から具体的な便宜を依頼され、金品を受領した場合に成立する。法定刑の上限は収賄罪（懲役5年）より重い懲役7年。汚職事件の捜査では受託収賄罪での摘発こそ「王道」と呼ばれ、特捜部は、ロッキード事件の田中角栄元首相をはじめ、幾多の政治家をこの罪名で逮捕・起訴してきた。サブキャップの早坂は、「AOKIが高橋にどんな依頼をしたのかが、他社との抜き合いになる」と考えていた。

複数の関係者への取材で、AOKIが日本選手団の公式服装作製、「オリンピックAOKIモデルスーツ」と呼ぶ公式ライセンス商品の販売、著名な選手を起用した商品のPRなど8項目にわたって高橋に依頼していたことを突き止めた。いずれもAOKIが2017年9月に高橋のコンサルタント会社「コモンズ」と月100万円のコンサルタント契約を結んで以降、青木が部下に取りまとめさせていた。青木は2018年9月、高橋と面会した際、依頼内容が記載された書面を渡したという。

このほか、高橋とＡＯＫＩ側の間に別の資金の流れがあったことも把握した。高橋は、２０１７年１月に青木から承諾を受けた協賛金7億５０００万円のうち、2億５０００万円を選手強化費として支払うよう求めていた。2億５０００万円は電通の子会社を通じてコモンズに送金させ、一部を複数の競技団体に、残りは高橋自身の借金返済などに充てていた。ただ、実際に競技団体へ強化費として支払われていたことなどから、特捜部がこの2億５０００万円を立件する見通しは低かった。

稲垣と早坂は、各記者から寄せられた膨大な取材メモを読みながら、ＡＯＫＩ側と高橋の癒着ぶりに驚くほかなかった。「資金提供が依頼の見返りと認識しているのなら、青木は刑事責任の追及を免れないだろう。そもそも上場企業のトップとして、あるべき姿なのか」。２人はそんな思いを強めた。

高橋らの逮捕

8月17日午後1時半過ぎ、司法記者クラブ。テレビ局の昼のニュースも終わって、いつもは静かなこの時間、読売ブースは益子の一報がきっかけで、にわかに緊迫した。

「高橋が逮捕されました」。益子はキャップ席に近づくと、他社が陣取る隣のブースに聞こえないよう稲垣に小声で告げた。その表情は緊張で張り詰めている。「ついに来たか！」。稲垣は体温が上昇していくのを感じながら、事前に用意していた速報用原稿をもう一度チェックし、本社に送った。他社との連日の報道合戦に、頭も体も疲弊していたが、本当のヤマ場はこれから訪れるのだと気を引き締めた。

高橋は、自宅の捜索を受けた7月26日以降、特捜部から週に数回、任意の事情聴取を受けていた。この日、高橋は午後1時頃に検察庁に呼ばれ、そのまま受託収賄容疑で逮捕された。同じ頃、AOKI側も、青木のほか、弟の宝久、専務執行役員の上田雄久《かつひさ》（40）が贈賄容疑で逮捕された。宝久は病気のため、逮捕状は病院で執行された。

特捜部の副部長が17日午後3時ごろから、4人の逮捕について報道陣に説明を始めた。高橋の容疑は次のようなものだった。

- 2017年1月から2021年6月にかけ、AOKIから大会スポンサーの契約や公式ライセンス商品の製造・販売契約などで有利になるよう依頼を受けた。
- 有利な取り計らいを受けた謝礼などとして、2017年10月から2022年3月にかけ、青木らの資産管理会社名義の口座から、高橋のコンサルタント会社「コモンズ」に5100万円を振り込み入金させ、賄賂を受け取った。

賄賂の5100万円とは、事前に取材で把握していた月50万~100万円の提供のことで、2億5000万円は含まれなかった。

報道陣は、高橋らが容疑を認めているかどうかなどについて、副部長に質問を浴びせたが、副部長は「差し控える」を連発した。逮捕や起訴の発表は、このように素っ気ない内容になることが多い。裁判が始まる前に、容疑者側や被告側に手の内を見せたくないという意識が働くのだ。

逮捕者を出した企業は、対外的に「世間を騒がせた」などとコメントを出すことで、株価への影響を可能な限り抑え、取引先との信頼関係を維持しようとする。AOKIも捜索に続き、創業者が逮捕される事態に至り、自社のホームページで「多大なるご迷惑とご心配をおかけし、心よりお詫び申し上げます」とする謝罪のコメントを掲載した。だが、事件の内容などについては、捜査中を理由に「差し控える」とした。

「AOKI優先」の圧力

特捜部の説明では、賄賂を受け取った高橋が具体的に何をしていたのかは一切明らかにされなかった。受託収賄罪は、贈賄側から特定の行為をするよう依頼（請託）を受け、承諾した見返りに賄賂を受け取ったということが証明されれば成立する。収賄側が有罪となるのに、贈賄側に対して実際にどのような便宜を図ったかを立証する必要はない。

「それでも、高橋が便宜を図ったとすれば、どのようなものだったのか、多くの人にとって関心が高いだろう。取材で詰めていこう」と稲垣は取材班に伝えた。

2017年1月の高橋が経営するステーキ店「そらしお」での会合以降、AOKI側は、五輪事業への参入を目指して高橋との関係を深めた。高橋の会社に月100万円を提供し、青木自身が高橋に「8項目の要望」を手渡すなど依頼を重ねた。取材班では、高橋がAOKIのために取った行動を、大きく分けて二つ把握することができた。

一つは、理事の立場も生かし、組織委に出向していた電通社員らに「AOKI優先」の圧力をかけていたことだ。その相手のひとりが、スポンサーとの協賛金額の交渉や契約時期の決定を担当する組織委マーケティング局長だった。

1月の会合で、青木から協賛金支払いの承諾を得た高橋は、局長に「AOKIが5億円出すことになった。日本選手団の公式服装もやりたいと言っている。急いでやれよ」と伝えた。局長は部下に、AOKIの手続きを迅速に進めるよう指示し、より多額の協賛金を提示した複数の企業が契約締結を待つ中で、AOKIの手続きが先行していった。

もう一つは、元首相で組織委会長だった森喜朗との引き合わせだった。最初の会合から約5か月後の2017年6月、高橋は青木らと会った際、「最終的に東京オリンピックのことを決めているのは森さんだ。森さんがAOKIを他の企業と誤解して悪感情を持っている。誤解を解いた方が良い」と言い出した。日本選手団の公式服装作製を熱望する青木は、森との面会を要望。森とAOKI側の会食は7月3日、「そらしお」で実現する。

この場で、高橋は森に対し、AOKIがスポンサー選定や公式服装の作製を希望していることを説明し、青木らも森に「よろしくお願いいたします」などと伝えた。森は、「（2019年の）ラグビー・ワールドカップが開催される頃までには」と時期を切り、「AOKIさんに決まっている」と発言。青木らは「お墨付きをもらえた」と感じた。

青木らは2018年9月5日、AOKIのグループ会社が経営する東京・銀座のカラオケ店で高橋と森を接待する。青木が8項目の要望を記した文書を高橋に手渡したのはこの時だ。組織委の女性職員ら5人が特撮ヒーロー「秘密戦隊ゴレンジャー」にふんして歌や踊りを披露し、盛り上げる場面もあったという。

組織委とAOKIのスポンサー契約は、このカラオケ接待の翌月、2018年10月に締結されたが、AOKI側から高橋への依頼は終わらなかった。ライセンス商品の承認が思うように進まないことを知った青木が部下に「コンサル料を月100万円も払っているんだから」と伝え、高橋に相談するように指示。すると高橋は翌11月、組織委マーケティング局長にAOKIの公式ライセンス商品契約を名指しし、「急げ、早くしろ」「このままじゃオリンピックが終わっちゃうぞ」と迫っていた。

新型コロナウイルスの感染拡大で大会が1年延期され、スポンサー各社が追加協賛金を支払う必要が生じた際、AOKIにも1億円が提示された。これも、AOKI側の意向を受けた高橋が「ＡＯＫＩは支払わなくていい」と組織委・電通側に指示し、最終的には１０００万円にまで値引きさせていた。

結局、ＡＯＫＩから依頼を受けた高橋が組織委や電通に働きかける流れは、最後まで続いた。「組織委理事である高橋さんの指示通りに進めるほかなかった」。一連の経緯について、組織委マーケティング局長は、特捜部の事情聴取にそう供述したという。

電通の決定を追認するだけの組織委

高橋や青木らが逮捕された翌日の２０２２年8月18日から、読売新聞は社会面で「五輪汚職」と題する全3回の連載を始めた。このうち2回を、高橋とＡＯＫＩ側の癒着の実態に迫り、事件の構図を明らかにすることに割き、残る１回は、組織委理事としての高橋の振る舞いに焦点を当てた。取材班では、福元理央、佐藤果林といった遊軍記者たちが組織委関係者らに当たり、ＡＯＫＩのスポンサー入りが組織委の理事会でどう扱われたのかをたどった。

ＡＯＫＩのスポンサー入りが理事会で報告されたのは２０１８年10月23日。組織委議事録には「当該資料の配布をもって報告した」とされ、資料に記載された企業の一つにＡＯＫＩの名があるだけで、議論が交わされた様子はない。福元が組織委関係者に確認したところ、理事会には重要事項や一定金額以上の契約が諮られるものの、スポンサーや公式ライセンス商品の契約などは事後報告で済ませているのだという。この関係者は「高橋氏は理事会ではほとんど発言をせず、ＡＯＫＩが有利になるような言動も記憶にない」と語った。

一方、別の組織委関係者は佐藤の取材に対し、高橋について印象的なシーンを明かした。２０１８年６月に開かれた理事会でのことだ。

その日は前年度決算の説明があり、理事らに配布された資料には、約６６０億円のマーケティング収益に対し、約２６０億円の手数料が支払われたと示されていた。主な支払先は、国際オリンピック委員会（ＩＯＣ）や日本オリンピック委員会（ＪＯＣ）、そして電通だった。

ある理事が「電通にお金を渡しすぎだ。おかしいんじゃないか」と意見を述べた。すると、普段は目立った発言をしない高橋が、色をなして反論した。「電通は人を出してるんだ。赤字覚悟でやってるんだ！」。怒気をあらわにしたまま、高橋は組織委マーケティング局長に「しっかり説明しなさいよ」と促す。この場は、組織委事務総長の武藤敏郎がなんとか取りなしたという。元組織委幹部は高橋について、この場面だけでなく、普段から電通の立場を重んじていたと明かした上で、「組織委は電通本社で決めたことを追認するだけだった」と嘆いた。

遊軍の柏原諒輪は、後輩たちとともに取材結果を突き合わせて検討を重ねた。組織委は五輪・パラという国家的なイベントを成功に導く責任を負っており、だからこそ、理事には政界や官界、財界、スポーツ界などの重鎮が名を連ねていたはずだ。にもかかわらず、どうして電通の言いなりとなり、高橋の要求を黙認し、その結果として汚職事件を招いてしまったのか——。

この謎を解くヒントは、東京大会が史上空前のスポンサー料を集めたという「商業的成功」に潜んでいたことが、後の取材で明らかになる。

第3章

商業主義の弊害

2013年、東京大会招致をめぐるロビー活動の舞台となった
ロシア・モスクワの宮殿（宮殿の公式ホームページより）

商業主義という「パンドラの箱」

大会組織委員会理事だった高橋治之とＡＯＫＩの癒着を報じた読売新聞のスクープで、五輪利権の存在がついに暴かれた。「利権が生じた背景を深掘りするためには、五輪の歴史をさかのぼる必要がある」。検察担当デスクを務める尾島崇之は、取材班のメンバーにそう伝えた。

五輪に関する最高決定機関、国際オリンピック委員会（ＩＯＣ）は１８９４年６月、近代五輪の生みの親とも言われるピエール・ド・クーベルタン男爵の提唱で誕生した。存続期間を限定されない国際的な非営利団体として、スイス・ローザンヌに本部を置き、１１５人以下の委員らで構成される。

委員は就任時に「私は五輪憲章を順守します」「私は常に商業的、政治的利益に関わることなく、人種的、宗教的な考えに左右されず活動します」といった宣誓を義務づけられ、宣誓に反する行動などをした場合には除名されることもある。五輪憲章は

1925年に制定されたIOCの基本原則を定めた「憲法」にあたり、「フェアプレーの精神を世界に広める」ことなどをうたっている。

近代五輪の先駆けは、IOC誕生の2年後に開かれたアテネ大会だ。以降、五輪はアマチュアリズムが守られ、1964年東京大会も出場した選手たちはアマチュアに限られた。五輪憲章の順守は選手にとっても厳格であり、1972年札幌冬季大会では企業広告による報酬を受け取った男子アルペンスキーのスター選手が大会から追放されたほどだった。

公的資金により運営されていた五輪はその後、危機的状況を迎える。1976年モントリオール大会では大きな赤字が問題化し、1980年モスクワ大会は前年に起きた旧ソ連によるアフガニスタン侵攻に抗議した西側諸国がボイコット。

苦境に陥った五輪とIOCの財政難を建て直すため、アマチュアリズムに終止符を打ったのは、1980年から2001年までIOC会長を務めたファン・アントニオ・サマランチだ。そのもとで開催された1984年ロサンゼルス大会は、民間企業のスポンサーを募るという発想を持ち込み、2億ドル（当時の為替レートで約520億円）を超える黒字を出した。サマランチは、テレビ放映権料とスポンサー料という強力な収入のパイプを確保することで、商業主義という「パンドラの箱」を開けたのだ。

相次いだ金銭スキャンダル

五輪はその後、プロ選手の参入拡大、スポンサー料のつり上げやテレビ放送権料の高額化が進む。五輪の収入は、2000年シドニー大会で37億7000万ドルだったのが、2012年ロンドン大会は80億4600万ドル、2016年リオデジャネイロ大会は78億2000万ドルとなり、2度目の東京大会では大台を超える108億4800万ドルに達した。商業主義は拡大の一途をたどったのだ。

本来、大会開催は都市単位だが、膨大な経済効果という「副産物」を求め、国家を挙げた激しい招致レースが展開されるようになっていった。そうした競争の中で、様々な不正や不祥事が噴出。1998年には、2002年冬季大会の開催地に選ばれたソルトレークシティーの招致委から、投票権を持つIOC委員やその親族への金品提供や接待の事実が明るみに出て、前代未聞の買収スキャンダルとなった。IOCは1999年3月、現金など25万ドル相当の供与を受けた委員ら6人を追放、このほか疑惑をもたれた4人が辞任した。

その後、1998年冬季大会の長野招致でも、委員らを高級ホテルに宿泊させるなど過剰な接待疑惑が浮上し、IOCからの委託を受けて日本オリンピック委員会（JOC）が調査に乗り出した。だが、招致委の会計帳簿が既に焼却されており、踏み込んだ調査とはならないまま、IOCは「処分なし」と結論付けた。これには身内による甘い調査で済ませたとの批判がわき起こり、スキージャンプ団体の金メダル獲得をはじめ、国民の感動を呼んだ五輪の輝かしいイメージを傷つけた。さらに、このほかの大会招致でも委員らの買収疑惑が浮上し、五輪招致を巡る金銭スキャンダルは底なしの様相を呈した。

こうした事態にも、IOCは、「一部の委員がしたこと」として会長のサマランチらトップの責任が追及されることはなく、「トカゲのしっぽ切り」との批判を浴びた。再発防止として1999年12月、委員の招致都市訪問を禁止するなどの措置を打ち出したが、開催地選定は以前と同様に全委員が投票権を保持し、第三国でロビー活動を行う道は残されたまま。さらには、委員側と招致都市側をつなぐブローカーが暗躍する余地が広がり、新たな利権を生むことになった。それがクローズアップされたのが、2020年大会の招致だった。

「電通ガラ」の真の目的

２０１３年８月中旬。ロシア・モスクワでは、陸上の世界選手権が開催されていた。１分、１秒、あるいは１センチの差にしのぎを削るアスリートたちとは別の次元で、熱い闘いが繰り広げられていた。２０２０年大会招致のロビー活動だ。

「世界陸上」には、開催地選定で投票権を持つＩＯＣ委員が多数訪れる。委員が五輪招致都市を訪問することが禁じられたため、こうした世界的なスポーツイベントは貴重なロビー活動の場だ。加えて、世界陸上モスクワ大会の翌月には開催都市が決定する。日本側にとっては、まさに招致の天王山だった。「このタイミングで、電通がロビー活動のために派手なパーティーをモスクワで開いていたようだ」。取材班は、都庁担当だった同僚記者からそんな情報を得て、事実確認を進めた。

「電通ガラ」。当時そう呼ばれたパーティーの実態を解き明かす作業は、社会部遊軍の竹内駿平や糸井裕哉と、２０２２年９月から社会部に配属されて取材班に加わった落合宏美（39）、高田結奈（28）、中薗あずさ（29）の５人が担当した。

「ガラ」とはフランス語で「特別な催し」を意味する。その名にふさわしく、IOC委員ら要人と招致委関係者のクローズドな会合のため、開催された日時や場所は資料にはない。竹内と高田は、当時、会場の準備を手伝ったという日本人女性をインターネットで見つけ、取材することができた。女性はロシア語の通訳として参加したといい、「宮殿のような場所だった」と語った。

当時は、超党派の国会議員らが東京招致実現に向けて議連を設立していた。中薗は、電通ガラに出席していた招致議連のメンバーを割り出し、当時の予定表を確認してもらった。予定表には、「電通主催、ガラパーティー」と記され、場所は「in Castle」とあった。この議員によると、世界陸上を午後8時まで観戦した後、午後9時から午後11時過ぎまでパーティーが続いたのだという。

竹内らが見つけた「宮殿」ないし「Castle」は、運営者がホームページを開設していた。そこに映し出された画像は、広大な敷地に多数の建物が並び、いかにも「特別な催し」が営まれそうな外観だ。一方、落合は、SNSで出席者たちの投稿を調べ、写真から、電通ガラが開催された建物を特定した。その内部は、出席者が一様に「素晴らしかった」と振り返る豪華な空間だった。

ある出席者は、高田に「デジカメが出席者全員にお土産として配られた」「日本企業が動員をかけ、盛大な雰囲気だった」と語った。会場には、高級スーツに身を包んだ数百人が集まり、世界各地のリキュールのほか、すしなど日本食も振る舞われたという。

糸井は、招致議連に加わっていた元国会議員から、電通ガラの真の狙いを聞き出した。

「あのパーティーは、アフリカ出身の国際陸上競技連盟会長をターゲットにしたものだ。会長を取り込めば、『アフリカ票が取れる』という算段だった」

「そう言えば、外国人の出席者には、小さなデジタルカメラを配っていたな。えらく喜ばれてさ」

元国会議員は、過去の大規模なスポーツ大会の招致で、スポーツ界の要人がカネを要求する姿を目の当たりにしたこともあったと明かし、こう続けた。「五輪を呼ぶには、ロビー活動で膨大な金が必要なんだよ」。

開催都市決定を間近に控えたタイミングで、日本から遠く離れたモスクワに大規模なロビー活動の舞台を提供し、大勢の要人を集めた電通。元招致委幹部は「『五輪は電通なしに成り立たない』とその場の全員が確信した」と振り返った。

東京招致を巡る不正疑惑

２０１３年9月のブエノスアイレスでのＩＯＣ総会で東京大会が決定し、２度目の東京五輪に向けて準備が進められていた２０１６年5月。にわかに東京招致を巡る不正疑惑が浮上し、五輪を待ち望む国民に少なくないショックを与えた。

発端は、英紙ガーディアン（電子版）の「大会招致委側から国際スポーツ界の要人に１３０万ユーロ（約1億６０００万円）が振り込まれていた」との報道だった。続けて、フランスの司法当局が、日本側がブエノスアイレスでのＩＯＣ総会を挟む２０１３年7月と10月に、アフリカ・セネガル出身の国際陸上競技連盟前会長ラミン・ディアクの息子が関連する口座に計２８０万シンガポールドル（約2億２０００万円）を送金していたことを確認し、贈収賄容疑などで捜査を始めた、との声明を発表したのだ。

ディアクは、他のアフリカ出身のＩＯＣ委員に影響力を保持しているとされる大物だった。仏当局は、ロシア選手のドーピング問題を巡ってディアクに汚職の疑いがあるとして捜査していた際に、日本側からの送金の事実を確認したとし、「資金の流れた時期が（東京大会）開催決定の時期に近い」と指摘した。

これに対し、日本側の招致関係者は「東京はベストな提案をして招致を獲得した」などと一斉に不正を否定。招致委の理事長で、当時ＪＯＣ会長を務めていた竹田恒和は、契約に基づくコンサルタント料として海外のコンサル会社に送金していたことを認めた上で、衆院予算委員会で「監査法人の監査を受け、ＩＯＣの承認も得ている」として送金の正当性を強調した。

海外のコンサル会社とは、シンガポールの「ブラック・タイディングス」だった。世界陸上北京大会などの招致に携わり、代表のイアン・タンはディアクの息子と親密とされる。竹田らの説明によると、招致委はブラック社とロビー活動や情報分析について契約を結び、業務の対価として、まず２０１３年７月にロビー活動を効果的に実施するためとして９５００万円、10月には勝因分析の名目で１億３５００万円をそれぞれ日本円で支払った。１度目の送金の翌月にモスクワでの「電通ガラ」があり、ブエノスアイレスのＩＯＣ総会の翌月に２度目の送金が行われたことになる。

結論が出ていない仏当局の捜査

ＪＯＣは２０１６年９月、外部弁護士らによる調査報告書を公表し、招致委によるブラック社との契約や送金に違法性はなかったと結論付けた。報告書の認定事実によれば、ブラック社との契約の経緯や実態はこうだ。

世界陸上モスクワ大会を控えた時期、招致委側はブラック社からコンサルの売り込みを受けた。招致委側は、電通の役職者からタンの実力について情報提供を受け、タンがイスタンブールなどライバル都市に協力する懸念もあって、ブラック社との契約を急ぐ必要性を認識。タンの提示額は約２３０万ドルと高額だったが、契約を２回に分け、招致成功後に別途契約を結ぶことにした。タンは招致委側からアジア、中東およびＩＡＡＦ関係者の情報収集やロビーイングを依頼され、了承した――。

報告書では、招致を巡るコンサル料の相場は１件あたり約１億円であり、約２億３０００万円は相対的に高額だったと指摘。さらに、契約手続きの透明性や招致委内の意思疎通が不足し、「寄り合い所帯的な雰囲気」が問題点だったと批判した。また、

JOCのトップだった竹田は当時日本をほとんど不在にしており、高額なコンサル料を竹田に事前に説明していなかったことも明らかにした。

一方で、報告書はディアクやその息子、タンからの聞き取りをしないまま、招致委のブラック社への支払いには賄賂の認識はなかったとした。支払った金の使途、ロビー活動の実態や効果なども示されなかった。

JOC側の調査をよそに、仏当局は、招致委からブラック社の口座に送られた金が高級腕時計などの購入費用に充てられていたことを突き止め、ディアク側に対する贈賄容疑で一気にトップの竹田を狙う。2017年には、東京地検特捜部が仏当局から捜査共助の要請を受け、竹田から任意で事情聴取。仏当局は2019年1月、竹田が汚職に関与した疑いが強まったとして本格捜査の開始を表明した。

竹田は疑惑を否定し続けたが、仏当局の表明を受け、JOC会長を退任、IOC委員も辞任し、2019年6月に組織委副会長の職も辞した。大会が間近に迫る中、国内スポーツ界の重鎮が全ての職から身をひくという事態は、国民に大きな衝撃を与えた。仏当局の捜査は、今も結論が出ていない。

寄り合い所帯、透明性や意思疎通の欠如、ガバナンス不全――調査報告書からは、不透明な資金提供疑惑を招いた招致委の体質が読み取れる。疑惑が浮上した２０１６年当時、招致委は大会組織委員会へと移行していたが、その組織委は高橋による汚職事件の舞台となり、結果的に何の反省や教訓にもならなかったのだった。

第4章

電通「一強支配」の歴史

1964年東京大会から五輪に参画し、2020年大会でもマーケティング専任代理店として、スポンサー募集などを一手に握った電通の本社ビル（読売新聞社）

電通と五輪の関わり

五輪はなぜ電通による「支配」に至ったのか。取材班は、電通と五輪の関わりを調べていった。

電通――言わずと知れた広告業界最大手の「ガリバー」だ。グループ全体の売上高にあたる収益（2022年12月期）は1兆円を超え、業界2位の「博報堂」、同3位の「ADKホールディングス」の追随を許さず、日本の広告業界に君臨し続けてきた。

電通は1901年7月、広告代理店「日本広告」として創業した。1955年に電通に改称し、2001年に東証1部に上場、2020年には純粋持株会社体制に移行して「電通グループ」となった。新聞やテレビなど、メディアに対する広告枠の取り次ぎや制作が主力事業で、広告主に対し、メディアの広告スペースやコマーシャル枠を販売している。商業テレビがスタートした1953年以来、日本の総広告費の約4分の1を独占してきた。

メディア4媒体（テレビ・ラジオ・新聞・雑誌）における売上シェアも首位をキープし、中でもテレビは長らく主力部門であり続けてきた。公的なイベントのPRや運営業務を官公庁や自治体から受注することも多い。

ガリバーの進化は日本国内にとどまらない。2001年の株式上場をにらんで、外国資本の広告代理店と相次いで業務提携に乗り出した。上場後も海外でのM&Aを積極的に仕掛け、売上はいまや国内より海外のほうが大きい。最近では、ネット専業代理店を子会社化するなどデジタルマーケティングも強化。電通のネット広告の取り扱いは、これまでトップ独走だった「サイバーエージェント」に迫っている。

「がんばれ！ニッポン！」キャンペーン

遊軍の落合宏美は、図書館に籠もり、古い新聞や資料を読みあさっていた。2010年入社で、大阪本社社会部で検察担当（P担）や裁判担当、調査報道班を経験した落合は、地道なリサーチを粘り強く続けることに慣れている。分厚い社史や過去の資料から、しだいに電通と五輪の深いつながりが見えてきた。

社史によると、電通の五輪への参画は1964年東京大会にさかのぼる。この五輪について、「電通の得た一番大きな収穫は、戦後初めての世界的な国家催事の場で広告活動機会創出の新しい体験を積むことができたことに尽きる」とある。

当時は、現在のようにスポンサーを募って大規模に協賛金を集める仕組みは整っていなかった。このため、企業にとっては、国際的なイベントに参画することでイメージをどう高めるか、五輪憲章がうたうアマチュアリズムとの抵触をどうクリアするかなど、全てが手探りだった。

こうした中、電通は、まだ日本体育協会（現・日本スポーツ協会）の一委員会にすぎない日本オリンピック委員会（ＪＯＣ）が中心となった大会組織委員会に社員を派遣し、協賛を希望する企業に組織委との橋渡しをするなど、大会運営に全面的に協力していた。

１９８０年モスクワ大会の前年には、日本体育協会やＪＯＣとともに、五輪選手強化を目的にした「がんばれ！ニッポン！」キャンペーンを創設。アマチュアスポーツの有名選手を企業の広告に起用し、その見返りとして企業から得られる収入が各競技団体に配分され、資金繰りに苦しんできた団体を潤した。日本は１９８０年大会をボイコットしたが、キャンペーンはその後も続き、選手がお茶の間に登場し、知名度を高めるきっかけともなった。

「オリンピックビジネスをつかんだ男」

国際オリンピック委員会（ＩＯＣ）第7代会長フアン・アントニオ・サマランチのもと、民営化に舵を切った1984年ロサンゼルス大会。当時、電通社内ではすでに高橋治之がサッカー部門で頭角を現していたが、それを上回る「大物」がいた。高橋の上司だった服部庸一だ。

ロス大会開催の5年前、東京本社連絡総務次長兼プランニング室長だった服部は、米国のゴルフ場のクラブハウスでロス大会組織委委員長のピーター・ユベロスに接触し、その場で、ロス大会では民間資金を導入するとの情報を得た。その後もユベロスに食い込み、大会をスポンサー料やテレビ放映権などで運営する構想を聞くと、これに対応するプロジェクトチームを電通社内に発足させた。

服部の尽力で、電通は1980年3月、ロス大会組織委との間で、日本企業に対して公式スポンサーの募集や交渉を行う権利や、公式エンブレムやマスコットを日本で使用する許諾権、入場券取り扱いの権利などを日本国内で独占する契約を締結する。

ロス大会では、スポンサーを「1業種1社」に限定し、企業間の競争を促してスポンサー料をつり上げた。電通はこの大会を機に、世界的なスポーツビジネスを拡大し、1982年にはスポーツ用品メーカー「アディダス」側との合弁で、スポーツマーケティングを担う新企業「ISL」をスイスに設立。1983年にはISLと組んで、サッカーのワールドカップ（W杯）やヨーロッパ選手権などのスタジアム広告の国内独占販売権を獲得した。このほか、国際陸上競技連盟のスポンサーやテレビ放映権などを扱い、会社の規模や知名度を伸ばしていった。

五輪でも、ロス大会に続く1988年ソウル大会、1992年バルセロナ大会などで組織委とオフィシャルスポンサーの仲介、公式マークの商品化など日本国内におけるマーケティングの独占エージェントとなった。電通はソウル大会で約250億円、バルセロナ大会でも約180億円の売上高を達成した。

「オリンピックの成功に、多年にわたって貢献した」。社史では、ロス大会以降の輝かしい実績をそう表現し、服部庸一は社内で「オリンピックビジネスをつかんだ男」と評された。当時を知る電通元幹部は「スポーツ部門は海外からどんどん仕事を取り、勢いがあった。五輪で実績を重ねていくうち、各大会の組織委員会が、電通に全てを一任するようになっていった。社内では、いつしか『五輪は電通のドル箱だ』という雰囲気が強まった」と振り返った。

高橋もISLや五輪関連の業務に携わり、服部の仕事ぶりを間近で見てきた。高橋は、1993年に電通のISL事業局長に就任し、服部の人脈などを引き継いだとされる。

電通と組織委が一体化

歴史的に五輪に深く関わり、スポーツビジネスで豊富な人材を抱える電通は、2回目の東京五輪でも招致段階から、国際的なロビー活動の舞台を提供したほか、IOC側の実力者と懇意な海外コンサルタント会社を紹介するなど、随所で巨大な存在感を示してきた。そして組織委発足後、マーケティング専任代理店となり、スポンサー募集業務などを一手に握る。

組織委の名簿によると、契約業務を担当するマーケティング局には局長以下、電通から110人を超える社員らが出向し、全体の35％以上が電通出向者で占められていた。取材班の竹内駿平は、「電通と組織委が一体となる中で、何が行われていたのか」という問題意識のもとに、本社の一室で大量の資料と格闘していた。

その中には、取材班が入手に成功した電通の内部資料も含まれていた。「五輪の経費が野放図に増えていった背景を理解してほしい」。約200ページにも及ぶ内部資料を提供してくれた関係者からは、そんな思いを託されていた。

竹内は、特捜部が汚職事件の捜索に乗り出した2022年7月から取材班に加わり、主に組織委の関係者を取材していた。2020年まで約3年半、検察担当（P担）を務めた後、遊軍で調査報道を担当。取材で入手した資料や公開情報を分析する「ブツ読み」に豊富な経験がある。

電通の内部資料は、取材班がそれまで把握できずにいた大会スポンサー契約の詳細、組織委と電通が結んだ専任代理店に関する契約書、契約にいたる経過などが盛り込まれ、文字通りの「宝の山」だった。かき集めた公表資料と突き合わせながらドッジファイルに綴じ込んでいくと、すぐに数冊分になった。竹内は、重要と思われる記述やデータにマーカーを引いて表などにまとめ、落合ら他の取材班メンバーと情報を共有していった。

自社の利益を優先

竹内は、まず電通が専任代理店となった経緯を分析していくことにした。電通が集めたスポンサー収入は3761億円。五輪史上空前の金額だ。

組織委の公表資料では、専任代理店の選定は、2014年2月に電通を含む4社の企画案を組織委が審査し、「スポンサー確保に向けた道筋が最も具体的」という理由で電通が選ばれた。だが、電通の提案を「最も具体的」と評価した理由は、公表資料ではわからない。

竹内は内部資料にヒントを求めた。

組織委が発足する前月の2013年12月、東京都と日本オリンピック委員会（JOC）が、電通を含む広告4社に説明会を実施していた。電通以外の3社は、いずれも広告大手の博報堂、ADK、東急エージェンシー。電通の内部資料によれば、説明会で都とJOCはこんな条件を示していた。

「マーケティング収入の目標額は1500億円」

「スポンサーは単純入札で選び、その手数料は3％」

ロス大会以降、五輪のスポンサーには「1業種1社」の原則が引き継がれてきた。その目的は、独占契約によるブランド化と、スポンサー収入の最大化にあった。単純入札とは、業種ごとに入札を実施し、その中で最も高いスポンサー額を提示した1社に決めるということだ。スポンサー企業が協賛金として100億円を出せば、その3％の3億円が代理店の収入になる。

公共の工事や業務で一般的に行われている入札は、複数の企業による競争原理が働くことで出費を抑えられる上、国民に透明性を示せるというメリットがある。公益財団法人という組織委の立場からも、多額の税金を運営に充てる五輪・パラの公共的な性格をみても、スポンサー企業を入札で決定するのは理にかなったやり方のように、竹内には思えた。

一方で、内部資料から気になる記述を見つけた。電通の社内会議の様子をまとめた文書だ。「当社の収益最大化の観点から、組織委員会が提示した手数料率と異なる料率を提案予定」。文書の日付は、組織委による専任代理店の選定会が行われる前の2014年2月上旬だった。内容は、JOCと都が示した目標や方法とは、全く異なるものだ。

電通の担当部局であるスポーツ局は、「手数料は8%」「単純入札ではない方法で獲得する」との独自案を社内会議に出していた。ほかの資料と突き合わせて読むと、単純入札ではない方法とは、最も高いスポンサー額を提示した1社ではなく、企業側の提案内容を総合的に評価して決める、ということのようだ。竹内は、「これはフェアではないし、透明性にも欠けるだろう。スポンサー選定を電通が主導できる余地が増える」と考えた。

さらに、この案でスポンサーを募集した場合、電通の利益は、組織委案（約56億円）の2倍以上の約131億円に膨らみ、利益率も組織委案（3・5%）を大きく上回る8・2%に達する、との試算も示されていた。竹内は目を丸くした。「専任代理店に選ばれる前から、電通は自社の利益優先で突っ走るつもりだったのか」。

専任代理店になった経緯

2022年9月に司法記者クラブのサブキャップから遊軍に転じていた早坂剛幸は、東京・日比谷公園に近い「日本プレスセンタービル」に、竹内と、P担の徳山喜翔、鈴木慎平を集めた。ビル内には読売新聞が間借りしている部屋があり、普段は国税庁や公正取引委員会を持ち場とする記者が詰めている。

「電通一強の弊害をあぶり出していく」。内部資料を基に説明を終えた早坂はそう意気込みを伝え、竹内に組織委関係者を、徳山と鈴木にはそれぞれ旧知の電通関係者への取材を進めるよう指示した。これまでに電通と組織委の契約内容を報じた記事はない。「東京大会の正当性に関わる。とてつもないハレーションがあるかもしれない。取材は慎重にいこう」。神妙な面持ちで早坂はミーティングを切り上げた。

取材班では、1000人以上の関係者をリストアップしていた。竹内は名簿に目を落としながら取材先のあてをつけていく。さっそく、その内のひとりで、都内に住む元組織委幹部の取材に向かった。

元幹部は長らくスポーツマーケティングに関わり、受託収賄容疑で逮捕された元理事・高橋治之とも面識がある。竹内は、東京大会をめぐる特捜部の捜査が始まって以降、何度か話を聞いていた。「記者の仕事を理解し、誠実に対応してくれています。専任代理店に関する当時の経過を知っていてもおかしくはないと思う。当たる価値はあります」。竹内は、そう早坂に伝えていた。

「いま、2014年に電通が専任代理店になった経緯を調べていまして」

「ああ、はいはい」

いつもと同じ時刻に出てきた元幹部の感触は悪くない。竹内は、内部資料の内容が事実か確認していった。組織委発足前、電通を含む4社が出席して説明会が行われたことと、組織委が当初はスポンサー収入目標額の1500億円を単純入札で集め、代理店に支払う手数料はスポンサー収入の3%を提案したことだ。元幹部は、いずれも「事実」と認めた上で、「入札は、『経費を抑えろ』というIOCからの提案でもあったんだよな」と話した。

「IOCまでもが求めていた単純入札が、なぜ反故《ほご》にされたんですか」

「コンペは電通と博報堂の事実上の一騎打ちだった。組織委としては、確実に目標額を達成してくれる企業がいい。電通の提案内容が圧倒的であった以上、ある程度はのまないといけない、ということになった」

Ｐ担の鈴木も旧知の電通関係者に、電通が単純入札に反対した理由を尋ねた。関係者は重い口を開いた。「スポンサーにふさわしくない企業が選ばれる恐れがある、ということだった」。

徳山や落合の取材も併せた複数の関係者の証言から、電通が専任代理店に選ばれた経緯が見えてきた。２０１４年2月末の審査では、電通は当時の社長だった石井直ら役員総出で臨んだ。「手数料は８％」「単純入札ではない方法で獲得する」との独自案を示す一方、１８００億円をスポンサー収入の最低保証額として提示し、約90社にスポンサー参画の意向を調査した結果として、「最大２５００億円の収入が見込める」とぶち上げていた。

成功報酬型の手数料

組織委は同年4月、電通と専任代理店契約を締結したことを発表した。そこで契約内容の詳細が明らかにされることはなかったが、内部資料に含まれていた契約書には、電通が組織委から受け取る「業務委託料」、つまり実質的な手数料が一律で８％ではなく、スポンサー料の累計額に応じて上昇する「成功報酬型」だったことが示されていた。

具体的には、1800億円までで3～8％、1800億～2000億円で8％、2000億円超は12％。竹内の取材に、組織委元幹部は「最初は15％と言われたこともあった」と証言した。契約上は、「単純入札・手数料3％」でのスポンサー選定も選択肢に残されてはいたが、適用されたケースは一度もなかった。

早坂と竹内は顔を見合わせた。

「IOCと組織委が求めた入札は骨抜きにされていた……」

「入札がなくなり、スポンサー料の価格交渉が可能になったことで、懇意のスポンサーを組織委や電通につなぐようなビジネスができるようになった」

「つまり、高橋が介入する余地が増えたということか」

組織委は、個別のスポンサー料や選定の過程について、民間との契約であることを理由に公表していない。組織委から電通に支払われた手数料はスポンサー企業側にも伝えられることはなかった。あるスポンサー幹部は「電通の意のままに手数料率がアップしていたとすれば、驚きだ」と語った。

電通は2015年1月からスポンサー企業の募集を始めると、わずか3か月で組織委へのスポンサー料収入の「最低保証額」となる1800億円を達成。その数か月後には、手数料が12%となる2000億円以上の領域に足を踏み入れた。

電通がこれほど急速にスポンサーを集め、最終的にスポンサー68社から3761億円を集めることができたのは、組織委とともに「1業種1社」原則の緩和をIOCに打診し、認められたことが大きい。例えば、同じ食品でも、「調味料」や「乳製品」「カップ麺」などと業種を細分化することで、味の素や明治、キッコーマンなど業界のトップランナーを複数スポンサーに取り込むことに成功した。さらに、旅行や銀行、警備といった業種では複数のスポンサーを「共存」させていた。

「結局、電通はいくらの手数料を手にしたのですか」

竹内の質問に、別の元組織委幹部は財務資料を基に「300億～350億円くらいだ」とはじき出した。この幹部は、「東京大会は電通以外に専任代理店は務まらなかっただろう」と話した上で、「単純入札ならば、組織委として公明正大にスポンサーを選んだとアピールできた。入札が行われなかったことは残念だ」とも語った。

挫折した「電通からの脱却」

日本におけるオリンピック・ムーブメント（五輪運動）の旗頭であるJOCは、本来、五輪の開催で中心的な役割を担うことが期待されている団体だ。だが1964年東京大会以降、選手の育成や強化、イベントに必要な資金を電通に依存し、五輪で主導権を握ることはできなかった。

遊軍の落合宏美が取材したJOC元幹部は、高橋が特捜部に逮捕され、電通も関係先として捜索を受けた事態について、「五輪の理念を理解せず、儲けを優先したからだ」と憤っていた。その上で、「JOCは電通から脱却するべきだ。過去に一度挑戦して失敗したが、今回は再挑戦の良い機会だ」と思いを語った。

元幹部が「電通からの脱却に挑戦した」と語るのは、JOCが1993年6月に設立した株式会社「ジャパン・オリンピック・マーケティング（JOM）」のことだ。落合は、JOMのことを知るJOC関係者らを訪ねた。

関係者の話や資料によると、JOMの最初の使命は、1998年長野冬季大会の運営や日本選手の競技力向上に向けてマーケティングを行うことだった。その実は、JOCが長野大会以降も自前の資金で大規模大会を開催できるようにするため、スポンサー集めの実権を電通から取り戻す狙いがあった。

ＪＯＭができた当初は、電通を完全に排除するわけにもいかず、社員の出向を受け入れていた。ただし別の企業にも依頼して社員を出してもらうことで、「電通色」を薄めた。関係者のひとりは落合に、「それまで、スポンサーはいつも電通の得意先企業だったが、ＪＯＭができて、博報堂をはじめ、ほかの広告代理店にも声をかけられるようになった」と語る。

長野大会では、ＪＯＭがスポンサー募集業務を取り仕切り、電通は「サブエージェント」として支援する立場に回った。この体制のもと、ＪＯＭは３５０億円超のスポンサー料収入を確保し、大会の直接運営費（約７００億円）の半分を賄った。「結果」を出したＪＯＭには、１９９９年以降、博報堂や三菱商事なども参画し、より幅広くマーケティングが行えるようになり、相対的に電通の立場は低下した。電通の「一強」は、ここで一度崩れていたのだ。

別のＪＯＣ関係者は、「ＪＯＭの成長により、電通に支払っていた手数料を大幅に減らすことができた。また、ＪＯＣから見て、五輪におけるマーケティングの流れが透明化され、不正が行われるような余地もなかった」と語った。

ところが、ＪＯＭのハンドルを握るＪＯＣの内部では、次第に電通からの独立に積極的な一派と、電通に近い一派の対立が生まれ、派閥争いが激しくなっていく。ＪＯＭでも社長が辞任するなど混乱に陥り、折しも政府がＪＯＣを含む公益法人に株式保有を禁じる方針を示したこともあって、２００１年、ＪＯＭは解散に追い込まれた。

その後、五輪のマーケティング分野において電通に対抗できる企業や団体が現れることはなかった。ＪＯＣ元幹部は、「ＪＯＭの存亡は、電通との闘いだった。ＪＯＭを失い、電通に依存するＪＯＣに戻ってしまった」と嘆いた。

第5章

利権に群がった企業たち

2022年9月6日、汚職事件をめぐってKADOKAWAの本社に
捜索に入る東京地検特捜部の係官ら（読売新聞社）

「打たなければ抜かれる」

「まだ打てないか」

「もう少し確認が必要です」

２０２２年９月２日夜。東京・大手町の読売本社では、検察担当デスク・尾島崇之が数分おきにスマートフォンで電話をかけていた。相手は、司法記者クラブでキャップを務める稲垣信。尾島は時計を見ながら、また電話をかける。東京五輪・パラリンピック大会組織委員会元理事・高橋治之への「第二の贈賄ルート」を打ち出せるかどうか、残された時間は多くはない。

その前月の８月17日、東京地検特捜部は、高橋を受託収賄容疑で、大会スポンサーの紳士服大手「ＡＯＫＩホールディングス」前会長・青木拡憲ら３人を贈賄容疑でそれぞれ逮捕した。高橋の容疑は、ＡＯＫＩ側から大会スポンサー選定や公式ライセンス商品契約の締結で有利な取り計らいを受けられるよう依頼を受け、便宜の見返りとして計5100万円の賄賂を受け取ったとする内容だった。

五輪利権を巡る摘発はAOKIにとどまらない――。記者14人でつくる社会部取材班は、全員がそう考えていた。全国から大量の応援検事も投入された特捜部は、捜索で押収した資料などを分析し、複数の捜査ルートで突き上げていくはずだ。矛先は、ほかのスポンサー企業など水平方向なのか、あるいは高橋以外の組織委幹部や電通側といった垂直方向に向けられるのか。記者たちは検察当局だけでなく、電通や東京都、日本オリンピック委員会（JOC）などの関係者から多数の証言や資料を得て、意見を交わした。

そして浮上したのが、大会スポンサーの1社で、出版大手の「KADOKAWA」だ。取材班では、KADOKAWAが、高橋治之の電通時代の後輩でコンサルタント会社を営む深見和政（73）を通じ、高橋にスポンサー選定の働きかけを依頼する一方、深見に金銭を提供していたことを把握した。

新聞は、輸送にかかる時間などを考慮して、複数の締め切り時間が設定されている。読売の9月3日付朝刊は、締め切りの早い版の校了時間が既に過ぎていた。「早版」

の1面は、英国の次世代原子炉の開発計画に日本が参加する、という方針を伝えるニュースがトップだった。

締め切りの遅い版に入れられるかどうか——。「五輪汚職事件」はあらゆるメディアが人員を大量投入し、取材にしのぎを削っていた。「打たなければ抜かれる」。尾島は取材の進展を待つと同時に、編集局幹部にKADOKAWAを巡るニュースの概要を伝え、「もし打てれば、1面トップでお願いします」と頼んでいた。実現した場合は、大幅に1面の構成が変わり、紙面制作に大変な労力がかかる。尾島は壁時計と腕時計を数秒おきに見ながら、稲垣の連絡を待った。最新の取材結果が入り、稲垣の声のトーンが変わる。

「いけます！」

「よしっ、差し替えだ」

〈KADOKAWAも仲介か　高橋容疑者　五輪スポンサーに〉

9月3日朝刊の最終版は、1面トップを白字ベタ黒の大見出しが飾った。

3日後の9月6日、特捜部は、KADOKAWAから計約7600万円の賄賂を受け取ったとする受託収賄容疑で高橋を再逮捕、深見を逮捕し、KADOKAWA元専務・芳原世幸《としゆき》（64）、五輪事業の担当室長だった馬庭《まにわ》教二（63）を贈賄容疑で逮捕。さらに、9月14日には創業家出身で会長を務めた角川歴彦《つぐひこ》（79）も贈賄容疑で逮捕した。特捜部はこの後、五輪利権に群がる企業の摘発を続け、捜査は水平方向に展開していくことになる。

雄弁だった角川歴彦会長

KADOKAWAは、「角川書店」として終戦間もない1945年11月に創業した老舗の出版社だ。角川歴彦は、創業者・角川源義《げんよし》の次男で、早稲田大卒業後の1966年に同社に入社した。大衆路線で名を上げた2代目社長の兄・春樹と経営方針を巡って対立し、一時は会社を離れたが、1993年に春樹がコカインを密輸したとして麻薬取締法違反などで起訴されると、顧問として同社に復帰した。

角川歴彦は同年10月の社長就任後、ライトノベルなどの出版事業を強化したほか、映画においても、『失楽園』や『ガメラ』、『リング』など一連のヒット作を世に送り出した。出版不況の中、文庫や漫画の電子書籍、ゲームなどの新しい事業を推し進め、

2014年10月には動画投稿サイト「ニコニコ動画」で台頭したIT企業ドワンゴとの経営統合を実現。日本雑誌協会で常務理事や理事長を務めるなど、出版界の大物として君臨した。その社長・会長在任中、売り上げは順調に伸び、2022年3月期の売上高（連結決算）は過去最高の2212億円に上った。

東京大会では、2019年4月、「書籍及び雑誌の出版サービス」分野の「オフィシャルサポーター」として組織委と契約を締結。東京大会の公式ガイドブックなどを発売した。大会スポンサー入りを果たした当時、KADOKAWAは「東京大会を通して生まれる物語を出版サービスを通して『形』に残し、次世代に共有し、受け継いでいくサポートを行う」と意義を強調していた。

取材班のひとり、遊軍の糸井裕哉が角川を直撃したのは2022年7月下旬のことだ。その前後には、特捜部が高橋の自宅や電通本社、AOKI側の捜索を行い、連日大きく報じられていた。

糸井は2008年入社。取材班に入る直前まで中部支社社会部で愛知県警キャップを務め、人員や人脈で勝る地元紙を相手に辛酸もなめた。30歳代前半の記者が多い取材班の中では、だいぶ年長の44歳だが、取材の労をいとわない馬力と、仕事に対する責任感の強さを買われ、角川の取材を任された。

角川が外出先から車で自宅に戻り、後部座席から降りてきた。荷物を持ったお付きの男性が糸井にいぶかしげな視線を投げたが、角川は穏やかな表情のまま、静かに玄関へと招き入れた。角川の妻は、「コロナが最多更新したでしょ。ちょっと目をつぶってね」と、糸井の体に消毒液を噴射する。角川は「これやらないと、うちに上げられないからさ」といたずらっぽく笑った。

「特捜部の捜査を受けている高橋さんについてうかがいたい」。糸井は穏やかに声をかけた。すると、角川は「地検の本命は高橋さんじゃないと思うぞ。フランスの件だよ」と答える。フランスの件とは、東京大会招致を巡り、仏司法当局が捜査している資金提供疑惑を指しているようだ。

角川の分析は続く。糸井はしばし沈黙を守った。

「ＡＯＫＩさんは、業界に何社も競争相手がいたから事件も起こり得た。でも、出版業界で五輪のスポンサーに名乗り出たのはＫＡＤＯＫＡＷＡだけだよ。競争が無いから、誰かに介在してもらう必要もなかった」。高橋との関わりについては「電通から『会ってくれ』と紹介され、一度だけ組織委事務局で会ったことがある。社内の担当者からは高橋さんと接触したという報告は受けていない」とし、「金のやり取りは一度もないよ」と付け加えた。

さらに「五輪に金を払うのは、ばかばかしいと思ったよ。公式記録集もガイドブックも返品の山。出版業界のためにという思いでスポンサーになったんだけどね」と苦笑いした。

組織委については、「官僚ならぬ『民僚』の悪い所が出た。組織委は、民僚の中の民僚。民僚は、官僚よりも始末が悪い」とこき下ろす角川。特捜部の捜索についても、「フランスが巨額の不明朗なカネを問題にしているから、何もしないと『日本の検察は程度が低い』となる。そう言われたくなかったんじゃないか」と皮肉った。

約30分間の話を終えると、角川はほほ笑みながらこう言った。「特捜なんか来ていないよ。まあ、今度来る時は何かお土産を持って来てよ」。その姿は、自分に容疑がかかることなどあり得ないと確信しているように見えた。

だが、角川の周辺関係者によると、糸井の訪問翌日、角川は社内で「高橋との関係について調査しろ」と指示していたという。周辺は「自宅に報道機関が来たことで、会長も焦ったようだ」と振り返った。

高橋に憧れた電通の後輩

KADOKAWAと高橋の関係を取材し、線上に浮かんだのが深見だ。東京・銀座でコンサルタント会社「コモンズ2」を経営し、AOKIのCM制作も手がけていた。KADOKAWAがスポンサーになるのに当たって、高橋を紹介するなど重要な役割を果たしたとみられていた。

糸井が深見と最初に会ったのは、2022年8月9日のことだ。コモンズ2の事務所を訪ねると、応接室に通された。深見は、高橋について「周囲にいる人に聞けば、いい話ばっかりでしょ」と切り出し、「日本のため、もう一度、東京で五輪を開きたいとよく言っていたよ」と話した。

深見は電通の雑誌局長などを経て、子会社の「電通東日本」で常務取締役を務めた後に退職した。高橋への憧れを隠さず、2012年7月に会社を設立する際は、高橋が営むコモンズにあやかり、「恐れ多いですけど、会社の屋号を借りていいですか？」と頼みにいったのだという。「高橋さんの後を継げる人材は、電通にはもういない。あんなに広いネットワークを持っているのは、高橋さんの才能であり、才覚だったから」「ああいう風になりたいと思っていた。大物だし、顔は広かった。芸能関係も強かった」。

AOKIからの資金提供疑惑について、深見は、「俺は無罪だと思っているから。コンサルとして、正当なことしかやっていないと思う」と強調した。

「理事に権限なんてないでしょ。スポンサーを集めて、決めているのは電通。そこに分け入って、『この会社をスポンサーに入れろ』なんて馬鹿な話はないと思うけどな」

1週間後、糸井は再び深見を訪ねた。深見は、KADOKAWAについて少しずつ語り始めた。

深見によると、電通時代から付き合いのあったKADOKAWAから「五輪に興味がある」と相談を持ちかけられ、高橋に「KADOKAWAが興味を持っています」と連絡したところ、高橋が電通側にKADOKAWAの意向を伝えていたという。

深見は、コモンズ2がスポーツ全般のアドバイスや資料提供に対する対価としてKADOKAWAから年に数百万円の支払いを受けていたと話して、こう強調した。

「KADOKAWAの資金が（高橋の）コモンズに渡っていることはあり得ない。高橋さんとも五輪とも関係がないから」

角川と深見に現れた変化

特捜部が2022年8月17日に高橋や青木拡憲らを逮捕した直後、東京地裁は10日間の勾留を認めた。刑事訴訟法では、事案の複雑性や供述の食い違いといった「やむを得ない事情」がある場合は、勾留を最大10日間延長できると定める。「20日後の9月上旬には、AOKIとは別の第2弾が始まる可能性が高い」。司法記者クラブの検察担当（P担）4人はそう考え、取材に奔走した。

この頃までには、KADOKAWA、7月末に捜索を受けた広告3位の「ADKホールディングス」のほか、同じく広告業界の「大広《だいこう》」の名も浮上していた。ADKと大広はスポンサーではなく、電通から再委託を受けて組織委のスポンサー募集業務を担う「販売協力代理店」だ。

特捜部は容疑者を逮捕・起訴した時には発表するが、捜索や関係者の事情聴取などといった捜査のプロセスは公にしない。ただし、実際に捜索や聴取を受けている側を継続的に取材していると、動揺や混乱、憔悴といった明らかな変化が見られる時がある。それに気づけるかどうかは、記者の感性と努力にかかっている。

糸井は8月19日夜、角川の自宅を再び訪れた。前回とは様子が違っていた。車から降りるのを待って近づくと、角川は早口で「会社に質問状を書いてくれ。何も答えられない」と問いかけを拒絶した。糸井が「聴取がありましたか」と切り込むと、「僕は知らないんだ」と強い口調で語り、玄関のドアを閉めた。

コモンズ2の深見にもはっきりとした変化が見られた。糸井が高橋の逮捕を受けて電話すると、深見は、特捜部に任意で事情を聞かれていることを認めた上で、「悪いことはしていない」と潔白を訴えた。事情聴取で呼ばれる日にちの間隔が狭まり、取り調べの内容が本質に迫ってきて動揺している様子が、その声色から受け取れた。

「利権の底が見えない」

取材班では、KADOKAWAを巡る疑惑もAOKIルートと同じく、表向きはコンサルタント料の支払いだが、その実はスポンサー契約締結など五輪事業への参入に対する見返りとして資金を提供していたとの見方を強めていた。角川と深見の様子に変化も認められ、KADOKAWAルートが第2弾になる可能性が高そうだ。

だが、ネックになる要素もあった。KADOKAWAからの資金提供先は深見のコモンズ2で、高橋とは直接つながらない。もう一つ、深見は民間の会社経営者で、「みなし公務員」の組織委理事だった高橋と違って職務権限が存在せず、深見への資金提供がただちに贈賄罪にあたるとは言えない。P担の白井亨佳は、この壁を乗り越えるために関係者取材を重ね、ようやく解を得た。「高橋と深見が共謀し、『二人羽織で一つ』という認定ができれば、収賄の共犯になる。深見から高橋に金が移ってなくてもアウトだ」。

KADOKAWAルートが立件されたことで、高橋が大会スポンサー企業から得たとされる賄賂はAOKIルートと合わせて1億円を超えた。贈賄企業が複数になっただけでなく、高橋が自らの後輩を巻き込んでいたこともわかった。

高橋は逮捕前、P担の徳山の取材に対し、自らのトップ外交で複数の企業をスポンサーに引き入れたと説明していた。その言葉通りならば、自分の会社で賄賂を受領していたケースや、知人らに「二人羽織」で受け取っていたケースがほかにもあるのではないか。その場合、収賄額はどれほど膨らむのか——。「利権の底が見えない」。高橋の再逮捕に、白井はそんな思いを強くした。

水平に続く捜査

その後の摘発は、「数珠つなぎ」という言葉がぴったりの展開だった。

2022年9月5日、特捜部は、大阪市の大手広告会社「大広」を捜索した。先にも触れたように、大広は、電通から再委託され、スポンサー募集業務を行う「販売協力代理店」の一つ。2018年9月に大会スポンサーとなった語学サービス関連企業を担当したが、その過程で高橋が、大広が販売協力代理店に選ばれるよう働きかけていた疑いがあった。

その2日後、事件の関係先として東京の駐車場運営会社を捜索。この会社は、広告3位の「ADKホールディングス」が販売協力代理店となって大会スポンサー入りし、日本オリンピック委員会（JOC）前会長の竹田恒和が2016年1月から社外取締役を務めていた。ただ、このルートでの特捜部の狙いはスポンサー企業ではなく、大広と同様に販売協力代理店のADKとみられた。さらに、大会マスコットのぬいぐるみを販売した「サン・アロー」にも贈賄疑惑が浮上した。

特捜部は9月27日、大広の執行役員・谷口義一（57）を贈賄容疑で逮捕し、高橋と深見を受託収賄容疑で再逮捕した。高橋の逮捕は3度目だ。高橋と深見の容疑は、谷口から、大広が販売協力代理店に選定されるよう依頼を受け、2019年1月から22年2月、深見のコモンズ2の口座に4回にわたり計約1500万円の賄賂を振り込ませた、というものだ。

高橋の4度目の逮捕は10月19日。ADK側とサン・アロー側から計約5400万円の賄賂を受け取ったとして、ADK社長の植野伸一（68）ら3人が贈賄容疑で逮捕された。高橋は、ADK側からは駐車場運営会社の販売協力代理店への選定を、サン・アロー側からはぬいぐるみの公式商品販売をそれぞれ依頼され、計約5400万円のうち半額は、高橋の知人の松井譲二（75）が経営していた「アミューズ」で受領していた。

11月9日、特捜部は高橋を受託収賄罪で追起訴し、松井を収賄罪で在宅起訴した。贈賄側はADK前社長・植野ら3人を起訴し、サン・アロー元社長・関口芳弘（74）、前社長・関口太嗣（50）を在宅起訴した。

結局、高橋は8月以降、4回にわたって逮捕・起訴され、AOKI、KADOKAWA、大広、ADK、サン・アローの5ルートで立件された収賄額は、合計すると約

1億9800万円に上った。このうち約7800万円は自身が経営するコモンズで受け取り、残りの約1億2000万円は、深見のコモンズ2と松井のアミューズを受け皿にして支払わせていた。

取材班では、5ルートの分析を試みた。贈賄側の事情として共通していたのは、五輪事業への参入でほかのスポンサー企業や同業他社に遅れをとっていたことだった。AOKIやKADOKAWAは、国内3ランクあるスポンサーのうち、最後に選定されるオフィシャルサポーターで、組織委との契約が遅れれば、その分、ライセンス商品販売などでメリットを享受できる時間が短くなる。大広とADKは、組織委のマーケティング専任代理店の電通がスポンサー募集業務などを独占的に担う中、電通の下請けに入ることが参入の唯一の道だった。サン・アローも、ぬいぐるみ販売で同業他社を排除し、利益を確保する必要があった。

高橋は、こうした事情を抱える各社の参入を実現するため、組織委や電通につなぐ「代理人」だった。組織委理事会は、スポンサー契約やライセンス商品販売の決定が事後報告となっている上、監視体制も不十分だ。行き過ぎた商業主義のもと、ブラックボックスの中で高橋が各社から利益を得ていた構図が浮かび上がっていた。

高橋は5ルート全てについて、賄賂の受領を否定。特捜部の取り調べに対し、「五輪とは関係のない正当なコンサルタント業務だ」などと供述しており、決着は法廷の場に委ねられることになった。

「慶応人脈」

稲垣信や早坂剛幸、P担らは、組織委上層部や電通本体も摘発されることを視野に取材を続けたが、立件に至らなかった疑惑もある。

その一つが、JOC前会長・竹田恒和（74）に対する捜査だ。竹田は、高橋、ADKとサン・アローからの資金を「二人羽織」で受け取っていたアミューズの松井譲二と「慶応人脈」でつながり、特捜部から複数回にわたって事情聴取を受けていた。

竹田恒和は1947年、旧皇族で明治天皇の孫にあたる父・恒徳《つねよし》の三男として生まれた。恒徳は、日本体育協会から独立する前のJOC委員長や、国際オリンピック委員会（IOC）理事などを歴任した。竹田は、日本馬術連盟の会長も務めていた恒徳の影響で幼少期から馬術に親しんだ。

松井と竹田は慶応の同級生。また、2人の兄と高橋治之は、慶応幼稚舎からの同級生で、高橋は竹田のことを「カズ」と呼んでかわいがっていた。竹田は成長しても、高橋を慕い、頻繁にゴルフや会食をするなど親密な仲だったという。「みんな慶応の仲間同士で、誰かが困っていたら助ける。そんな関係だった」。松井の親族はそう語る。

竹田は慶応大卒業後、馬術競技で1972年ミュンヘン、1976年モントリオールの両五輪に連続出場。「馬術界のプリンス」ともてはやされた。現役引退後は、母校や日本代表で後進指導や馬術の振興にあたり、1988年ソウル五輪ではコーチとして、1992年バルセロナ五輪では監督として日本チームを率いた。

馬術競技を足がかりに国際スポーツ界にも名を売り、1991年にはJOC理事に選出され、英語やドイツ語などを操る「国際派」として世界各国を訪問した。2001年10月には、前任者の急逝に伴ってJOC会長に就任。53歳という異例の若さでの就任が大きな話題を集めた。それから18年という長きにわたってJOC会長の座に君臨し、2012年7月には日本人としては13人目のIOC委員にも選出された。

竹田は東京招致委の理事長に就任し、2回目の東京五輪開催について「震災からの復興のシンボルとしたい」とメディアで熱い思いを語っていた。2013年9月、ブエノスアイレスでのIOC総会にも参加し、東京開催決定で喜びを爆発させた。

竹田は、東京大会招致を巡る疑惑の発覚後、仏当局の捜査共助を受けた特捜部から事情聴取を受けていた。特捜部は再び竹田を狙うのだろうか——。P担たちは、KADOKAWAルートの本格追及が進んでいた9月中旬頃から、特捜部がひそかに竹田への聴取を進めていることを把握した。調べの内容は「ADKとサン・アローから、松井のアミューズの口座に流れた金に、竹田が関与したのかどうか」。担当するのは、特捜部でも「エース」と目される検事だった。

関係者によると、一貫して賄賂の受領を否定している高橋は、サン・アローの資金について「竹田の慰労のために集めた。実際には渡していない」と説明していた。特捜部はこの供述などを踏まえて「あなたに金を渡すスキームになっていて、金を受け取っていたのではないか」との追及を繰り返したが、竹田は「受け取っていない」と強く否定。客観的な証拠にも乏しく、結局、立件は見送ることになった。

だが、後に詳しく述べる公判で、竹田の供述内容と、高橋と竹田、松井の間で資金のやりとりが計画されていた実態が、検察側から明らかにされることになる。

高橋の「後ろ盾」だった元首相

一方で、特捜部は元首相で組織委会長を務めた森喜朗からも、複数回にわたり参考人として事情聴取を行っていた。

森は組織委発足後、当時35人と枠が決まっていた理事のうち、最後の35番目として高橋を指名したとされる。その後、高橋の仲介を受けてAOKI側と会食し、大会スポンサー就任や日本代表選手団の公式服装受注の要望を受けて「お墨付き」を与え、銀座のカラオケ店でAOKI側の接待を受けた。さらに、高橋とともにKADOKAWAの角川歴彦、ADKの植野伸一とも会っていたことが判明していた。

高橋と同様、森が組織委会長の職務権限に関して資金提供を受けた、となれば刑事事件への発展を考えなければならない。取材班は、森を巡る状況の推移を見守ったが、特捜部が立件に乗り出す気配は見られなかった。複数の関係者への取材で、森に対する聴取は、組織委内で高橋がスポンサー選定の権限を持っていたことの確認に重きが置かれていたことを把握した。「会長としての森の供述で、受託収賄罪での高橋起訴を補強する、ということか」。稲垣や早坂は、特捜部の狙いをそう判断した。

その後、森の供述内容がおおむね把握できた。森は、高橋の理事就任については竹田から推薦を受けたとし、それまでに高橋が集めた資金の一部が使途不明瞭という「よからぬ噂」も耳にしたものの、「電通出身者が理事にいたほうがいい」と思って最終的に理事就任を受け入れたと説明していた。また、「スポンサー決定は理事会の決議で会長の私に一任されていた」とし、高橋に実際のスポンサー探しや交渉、電通とのやりとりなどを任せ、自身は了承する立場だったとも述べていた。

高橋の力の源泉はどこにあったのか——長らく抱えていた取材テーマは、森供述の把握によってついに解決した。高橋が多くの企業から依頼を受け、組織委マーケティング局や電通に働きかけができたのは、電通で専務まで務めた経歴や「スポーツビジネスの第一人者」との風評だけでなく、元首相である森の「後ろ盾」があればこそだったのだと、取材班のメンバーたちは確信した。

電通に逮捕の手は伸びず

電通は高橋の受託収賄容疑の関連先として、2022年7月26日に特捜部の捜索を受けたが、汚職事件では、社内から逮捕者を出すことはなかった。

電通は組織委のマーケティング専任代理店として、スポンサーの募集や協賛金交渉といった実務を掌握する一方、スポンサーの選定を行う組織委マーケティング局に多数の社員を出向させていた。かつて電通専務まで務めた高橋が、贈賄側の要望を実現させるため、はるかに後輩の電通マンたちに働きかけていた形だ。

実際に、電通から出向した組織委マーケティング局長が高橋の指示を受け、AOKIのスポンサー契約を迅速に進めるよう部下に指示し、AOKIの手続きが優先的に進められていたことを取材班では把握した。大会マスコットのぬいぐるみのライセンス契約でも同様に、サン・アローへの便宜が図られていた。

特捜部は、マーケティング局長だった電通社員のほか、電通スポーツ局元幹部ら多数の社員から連日にわたって事情を聴き、関与を調べた。「受託収賄容疑の『共犯』としての摘発を目指しているのではないか」。取材班では、高橋の逮捕・起訴が繰り返されている間、電通に対する捜査がいつ「容疑者」に変わってもおかしくないとみて、関係者への取材に力を入れた。

電通社員らは特捜部の捜査に全面的に協力し、高橋からの指示などについて詳細に供述した。マーケティング局長だった社員は、特捜部に「高橋さんが『マーケティング担当理事としてしっかりやっていきたい』と言っており、指示を断れなかった」とも説明。それは、森喜朗の供述とともに、高橋に理事として具体的な職務権限があったことを示すものだった。

一方で、局長は高橋の指示を全て受け入れていたわけではなかったようだ。局長が高橋の働きかけを「それは難しい。無理です」と拒否すると、高橋が他の電通社員に「本当に使えねえ局長だ。ふざけるな」などと憤った場面もあった、との証言が得られた。特捜部は、局長らは高橋と共謀したのではなく、高橋の強い圧力を断り切れずに部下らに対応を指示していたのが実態と判断し、立件を見送ったとみられる。

高橋とAOKIの癒着を報じた本紙のスクープから約4か月。汚職事件の捜査は一段落し、想定されていた垂直方向の「タテ」、つまり組織委上層部や電通側の立件、政界への波及には至らなかったが、国家の威信をかけて開催した東京五輪・パラに巣くう腐敗の構図を国民に知らしめた。2億円近い賄賂の規模や、訴追対象が紳士服、出版、広告の有力企業のトップを含む計15人に及んだことも、国内にとどまらず、世界に衝撃を与えたのだった。

第6章

浮上した五輪談合

2022年11月25日、東京五輪・パラリンピックのテスト大会事業をめぐる入札談合疑惑で電通本社に捜索に入る東京地検の係官ら（読売新聞社）

近い時期に「第二幕」が

2022年11月。東京五輪・パラリンピックを巡る汚職事件の捜査が9日で一区切り付き、東京・霞が関の司法記者クラブでは、連日連夜の取材報道合戦から解き放たれた穏やかなムードが漂っていた。読売新聞の検察担当記者（P担）4人も旅行や家族サービスの計画を思い描いている。半年あまり、取材班の先頭に立って事件のことばかり考え、走り続けてきた頭と体は、次なる事件に向け、つかの間の休みを求めていた。

そんなある日。社会部の都梅真梨子は、懇意の取材先と昼食を共にしていた。取材先は独占禁止法違反事件に精通しており、最近の独禁事件の傾向などについて雑談を交わしていた。箸をつけていた親子丼が半分ほどなくなったところで、都梅は何げなく尋ねてみた。

「医薬品卸の談合事件から、もう2年間、犯則がない。そろそろですかね」

犯則とは、日本の独禁当局である公正取引委員会が裁判所の令状に基づき強制的に捜索や差し押さえができる「犯則調査権限」のことで、2006年1月の改正独禁法で導入された。その犯則調査権限を使って、公正取引委員会はこれまで9件を検察当局に刑事告発してきた。その最後が2020年12月、独立行政法人「地域医療機能推進機構」の医薬品発注を巡り、卸大手4社が談合した事件だった。公取委の告発を受け、東京地検特捜部は3社と担当者7人を起訴・在宅起訴した。

取材相手がふと口にした。

「次は大型だ」

公取委が犯則調査に乗り出すような事件は、大手ゼネコンが軒並み摘発されたリニア中央新幹線の建設工事を巡る談合事件（2018年）など、数百億〜数兆円規模の市場が対象だ。「4年に1回の五輪のようなものですから」。都梅の何げない一言に、相手が手の動きを止めた。「それ。入り口は数億だけど……」。沈黙が続く。都梅は悟った。

第二幕がある。それも近い時期に――。

新たな利権の構図

司法記者クラブの読売ブース。キャップ席に座る稲垣信に、P担の徳山喜翔が小声で報告していた。他社のブースを隔てる間仕切りは薄く、上が空いているので、大きな声は出せない。

「一部の贈賄側企業が特捜部に、大会組織委員会が発注した事業の入札について『談合があった』と話しているようです」

「リーニエンシーか？」

「そこまではわかりません」

稲垣を含め、しばし緩んでいたムードは一変した。独禁法は、業者同士が受注調整する談合や、価格協定などを結ぶカルテルなどを「不当な取引制限」として禁じており、違反すれば課徴金納付命令など行政処分の対象になるほか、悪質なケースは刑事罰が科せられる。談合などの摘発に大きな武器となってきたのが公取委に対する談合の自主申告、いわゆる「リーニエンシー」だ。この制度を使い、先陣を切って違反を自主申告すれば、刑事罰を免れるとともに、巨額の課徴金を減免してもらえる可能性がある。

まだ状況は詳細につかめていないが、企業の「談合があった」との告白が、仮に公取委にリーニエンシーとして認められているならば、談合組織の摘発につながる確度が相当高いと言っていい。

前章まで書いてきたように、汚職事件で、東京地検特捜部は組織委元理事・高橋治之を受託収賄罪で4度にわたって起訴、高橋の知人2人を共犯として起訴・在宅起訴したほか、大会スポンサーなど5社の幹部計12人も贈賄罪で起訴・在宅起訴した。立件した収賄額は計約1億9800万円に上り、組織委や大手広告会社「電通」なども関係先として捜索。東京五輪・パラの利権構造に切り込み、国民から注目を浴びていた。

捜査を指揮した特捜部副部長の広田能英《よしひで》（53）は、日産自動車会長カルロス・ゴーンの事件や日本大学理事長による脱税事件などの捜査を手がけた辣腕《らつわん》として知られる。「最終目標を摘発するまで食らいつく」。広田が摘発した事件を取材してきた記者たちの間では、そんなイメージが強い。

汚職事件では、摘発のベクトルは高橋を基点として、水平な形で贈賄側に伸びていった。そこに入ってきた「第二幕」の情報から見えるのは、大会事業に関する談合疑惑という新たな利権の構図だ。

P担4人は、仕切りが益子から徳山に代わり、遊軍に転出する益子の後に高田結奈を迎えていた。新体制の4人は休む間もなく、疑惑がもたれている事業の特定などに取りかかった。

契約総額は400億円規模

疑惑の構図を把握するために、公表されている資料類を集め、分析し、関係者の証言で事実関係を肉付けしていく。疑惑の核心すなわち「スジ」とは遠くても、対象者に関することは調べ尽くすのが、調査報道のセオリーだ。P担たちは汚職事件で膨大な取材を重ねる中、高橋の便宜供与とは関係が薄く見える組織委の発注事業についても一通り調べていた。

「入り口は数億」という都梅の取材結果をもとに、この贈賄側企業が参加した入札を確認していくと、組織委大会運営局が発注した「テスト大会」に関する事業があてはまりそうだった。テスト大会とは、五輪・パラの本番を想定し、各競技で選手入場の動線や観客の受け入れ、警備態勢などを確認するための「予行演習」だ。組織委は、テスト大会の「計画立案業務」の入札を2018～21年に計56回行っていた。1件あたりの契約額は6000万～4000万円で、総額は5億円超だ。

入札の経緯を把握するためには、公告や募集要項なども収集しなければならないが、組織委は2022年6月で解散し、組織委清算法人は「入札公告や募集要項は現存せず、公表もできない」との回答だった。P担の白井亨佳は、東京都のホームページに残されていた、組織委が国や都と共同で行った事業の落札状況を調べ、エクセルに打ち込んでまとめていった。「電通、博報堂、東急エージェンシー……」。落札業者はいずれも広告業界の雄だ。

テスト大会の計画立案業務は、この3社に加え、ADK、大広、電通の子会社の「電通ライブ」、イベント会社のセレスポとセイムトゥー、フジクリエイティブコーポレーション（FCC）の計9社と共同事業体1団体が落札していた。各社が落札していた会場とその競技は、電通が青海アーバンスポーツ会場でスポーツクライミング、博報堂は大井ホッケー競技場でホッケー、ADKは幕張メッセでレスリング、といった具合にうまくすみ分けができているように見えた。

また、計画立案業務を落札した業者はその後、テスト大会の実施業務、さらに本番の運営業務まで随意契約で受注しており、本番まで含めると契約総額は400億円規模に膨らんでいた。P担たちの頭には、「計画立案業務の入札談合は、大きな利益につながる本番までを含めた受注調整だったのではないか」との見立てが浮かんだ。

ADKが申告

11月中旬の土曜日。キャップの稲垣、9月から早坂剛幸に替わってサブキャップになった石浜友理（41）とP担4人は、取材結果を突き合わせ、記事を打ち出すタイミングを話し合った。この時点で、ADKがリーニエンシーの制度を使い、テスト大会の計画立案業務で談合があったと公取委に自主申告していたとの情報が入手できていた。

高橋やAOKIなどの企業が摘発されたような汚職事件は、個人犯罪の色彩が強い。それと比べて談合は、税金が投入される事業で受注金額をつり上げる企業犯罪だ。舞台が東京五輪・パラ、それも大会運営の根幹をなす競技会場の運営となれば、事態はより深刻だ。

「そして、両事件にはいずれも、電通一強を背景とした利権の存在がある。電通を狙った捜査が始まるのは間違いない」。ミーティングに出ていた記者全員がそう確信した。

〈五輪事業　談合疑い　テスト大会　電通など受注調整　東京地検が捜査〉

五輪汚職事件の捜査終結からわずか11日。2022年11月20日の読売新聞朝刊1面トップの記事は、五輪利権に再びメスが入ることを告げ、社会に衝撃を与えた。翌21日には他紙やテレビ各社が一斉に後追い報道。読売は22日付朝刊でもADK側がリーニエンシー制度に基づいて公取委に違反を自主申告していたことを詳報し、捜査が間近に迫っていることを知らせた。それと同時に、遊軍の早坂や竹内駿平ら、汚職事件で取材の中核を担った記者たちも戻り、取材班は再び動き始めた。

広告業界トップ3すべてに強制捜査

11月25日朝、白井は東京・港区の電通本社前で張り込みを続けていた。特捜部や公取委が再び電通の捜索に乗り出せば大ニュースとなる。取材班は4か月前、電通が汚職事件の関係先として捜索を受けた時もカメラを持って待ち構えたが、電通の入る高層ビルは複数の出入り口があり、捜索に入る様子をとらえることはできなかった。「今度こそ押さえたい」と、白井の一眼レフカメラを構える手にも力が入る。

まもなく午前10時。係官と思われる6人ほどが、自分の方に向かって歩いてくるのが見えた。先頭の男性は見覚えのある顔だ。特捜部が重要な関係先に捜索を行う場合は、決まって姿を見せている。「彼が来るということは、やはり電通が捜査の本丸だ」。険しい表情で電通本社へと入っていく6人の姿を、白井は報道陣の中でもみくちゃにされながらシャッターを切った。

約1時間後、特捜部は、テスト大会の運営を担当していた組織委大会運営局元次長・森泰夫（55）宅を捜索した。森は日本陸上競技連盟から出向し、会場運営の実務を取り仕切っていた。

週が明けた28日、特捜部は、博報堂、東急エージェンシー、イベント運営会社のセイムトゥーなどを軒並み捜索した。翌29日にはリーニエンシーしていたADKも捜索し、広告業界のトップ3に全て強制捜査のメスが入る未曽有の事態となった。

捜査の本丸と目された電通。2022年7月に続く特捜部の捜索を、社内はどう受けとめているのか。

そのうちの一人、60歳代の男性社員はこう語った。「汚職事件で社会の信頼を失い、一から頑張らなければいけないと思っていた矢先、新たな疑いをかけられ、残念でならない。汚職事件についても会社から何も説明がない。社員の不満は大きくなる一方で、若手は自分たちの働き方がこのままでいいのか戸惑っている」。

別の30歳代の社員も言う。「自分のやってきた仕事が正しいものだったのか、このままこの会社で働いていくことがいいことなのか、とても不安だ。誇りを持って仕事をしているが、長年積み重なった行いが、五輪という大仕事で浮き彫りになったのだとしたら、残念だ」。

彼らの嘆きからは、電通マンとしてのプライドや、会社への信頼が損なわれたさまがうかがわれた。

「電通に丸投げ」の背景

取材から見えてきたのは、競技会場の運営ノウハウがない大会組織委員会が、大規模なスポーツイベントの運営に熟達した電通に、本来は組織委が責任を持つべき業務を「丸投げ」していた構図だった。

東京五輪では、205か国・地域と難民選手団から約1万1000人の選手が参加し、史上最多の33競技339種目が実施された。東京パラも162か国・地域と難民選手団から約4400人が参加し、22競技539種目で競った。

五輪・パラはサッカーやラグビーのワールドカップなど単一競技の大会とは異なり、多種多様な競技が短期間・同時進行で行われ、その調整は複雑きわまる。また、競技が違えば、スタッフの配置や道具の準備もまるで異なる。運営にあたる企業にも競技によって知識や経験の蓄積に差があり、「どの競技でも良い」ということはない。

実際にテスト大会の計画立案業務で、電通や博報堂など9社は、過去に会場運営を担った実績があったり、大会のスポンサーになったりするなど、それぞれ関わりの深い競技を受注していた。

たとえば、落札総額が約1億1500万円と最も高額だったイベント会社「セレスポ」は、ハンドボールなどの会場となった国立代々木競技場や新国立競技場、東京体育館など計5件を受注。同社は陸上競技の運営に実績があり、2011年から日本ハンドボールリーグのオフィシャルスポンサーを務めている。また、有明体操競技場、馬事公苑、海の森クロスカントリーコースなど3件を落札したADK側は少なくとも2017年以降、日本馬術連盟がスポンサーを募る際の代理店として年間契約を締結している、という具合だ。

ただでさえ多種目の同時進行で難しい中、各企業の得意・不得意も検討して会場運営を委託しないといけない。白井は「こんな複雑なパズルを解く能力を、組織委に期待するのは最初から無理だった、ということか」と受けとめた。

丸投げの背景には焦りもあった。2017年初めの時点では、テスト大会の会場運営をどこに委託するかの見通しがほとんど立たず、国際オリンピック委員会（IOC）から「本当に大丈夫なのか」と懸念を示されていた。さらに、競技運営に関わる国際競技連盟（IF）からも「テスト大会を実施できるのか」と心配されていた。

大会運営局元次長の森が頼る先は、電通しかなかった。複数の関係者によると、森は応札の見込める企業の意向を調査するよう電通に依頼。電通は、入札への参加が見込まれる企業にアプローチして、運営を担う意向があるかどうか、あるとすればどの会場を担当したいか、などを聞き取り、組織委側に伝えていった。そして、両者は、こうした企業の意向をまとめた「一覧表」を作成し、随時更新していったという。

証拠となった「一覧表」

縦の欄には「バスケットボール」「カヌー」などの競技名。横の欄には、元請け・下請け別の企業名。「受注調整済み」の企業名は、青く塗りつぶされていく。

組織委側は2018年春、更新を重ねた一覧表を添え、電通側に「これで合意した」とメールで伝達した。その後実施された入札26件のうち、半数以上が「1社応札」で、受注はほぼ一覧表通りになっていたという。

特捜部は、一覧表を談合の存在を指し示す証拠ととらえているようだ——。キャップの稲垣はそう受けとめた。

受注調整の狙いはどこにあったのか。ある捜査関係者はP担の徳山に対し、「組織委は実績のない企業を回避し、電通には自社の利益はもちろん、業界全体の利益を確保するもくろみがあったのだろう」との見方を示した。電通は受注を希望する競技会場以外は入札に参加しないよう他の企業に要請しており、まさに談合の中心的存在と言えた。

組織委は、半世紀ぶりの東京大会を成功させるという国家目標のもと、政界や官界、スポーツ界から理事ら執行部が選ばれ、その下の大会運営局やマーケティング局といった部署には東京都や競技団体、民間企業などから出向した職員や社員たちが配属された。特に電通は、二つの局に多数の社員を出向させていた。

汚職事件では、電通出身のマーケティング局長が、電通元専務の組織委元理事・高橋治之から贈賄側の要望に基づく働きかけを受け、部下に指示を出していた。最終的に訴追は免れたものの、電通は高橋とまさに二人三脚でスポンサー獲得に血道を上げていた。

談合事件では、電通から出向していた大会運営局職員が、電通本社の意向を森らに伝え、意思疎通を図っていた。「発注者の組織委と、受注者の一つであるはずの電通が、いわば表裏一体の関係で談合を主導していた」。捜査関係者は談合の構図をこう説明した。

「まわし」という慣習

電通や博報堂をはじめ、広告・イベント業界の名だたる企業が捜査対象となった今回の事件。大手広告会社を談合で摘発するのは前代未聞だ。「談合を招く体質が、もともと業界にはびこっていたのではないか」。徳山らはそんな問題意識のもと、企業関係者を何十人と回った。

自分の属する業界が連日批判される中、進んで取材に応じてくれる人は少ない。予想通り、門前払いがほとんどだったが、足しげく通ううちに、本音を明かしてくれる人も現れた。

「テスト大会で、電通から博報堂に再委託しているケースもあるんです。業界の1位と2位でもそんなことしているんですか」

徳山の問いに、ある広告会社の社員は少し沈黙した後、おもむろに口を開いた。

「広告業界には、『まわし』があるんだよ」

「まわし？」

まわしとは、業界の隠語で、一つの案件を請け負うのに広告会社が競合した場合、一部の業務を競合相手に再委託するなどし、利益を分け合う慣習のことを言うらしい。

社員は話を続けた。

「汚職事件でも、マーケティング専任代理店だった電通から、スポンサー募集業務の一部が大広やADKに回っていたでしょ。商慣習としてあるんだよ」

確かに、組織委理事だった高橋は贈賄5ルートの一つ「ADKルート」で、駐車場運営会社のスポンサー契約業務を請け負いたいADK側の依頼を受け、電通幹部に「(駐車場運営会社は)ADKに回す」と伝えていた。

「まるで、昔の建設業界のようですね」

「そう、持ちつ持たれつ」

取材結果を聞いた遊軍の竹内駿平は、五輪を一大商機ととらえ、広告会社間で甘い蜜を分け合っていた構図を思い描いた。「まわしこそが事件の下地になったとの想定で、さらに背景を深掘りしよう」と、徳山らに声をかけた。

一方、白井はある広告会社の幹部から、テスト大会の計画立案業務の入札で談合したことを認める証言を引き出していた。組織委や電通側とのやりとりを語った後、幹部は「ここの会場にするから、他の会場に入札しないように言われた。まさに談合をしていた」と明かした。「電通が調整することを誰も疑いなく受け入れてしまったのではないか。私も、無用な争いが起きないよう電通が仕切るのがなんとなく当たり前だと思ってしまっていた。公正とか競争とか、そんなのは頭の中になかった」。

組織委幹部が受注差配

年が明けた2023年1月中旬、東京・内幸町の日本プレスセンタービルの一室に、検察担当デスクの尾島崇之、司法記者クラブキャップの稲垣信ら取材班の主だった記者が顔をそろえた。「特捜部の着手は近い。全国から応援検事を集めて、捜査態勢を拡充している」。徳山喜翔が説明する。尾島と稲垣は「組織委や電通・博報堂、その他の落札企業から逮捕者が出るのかどうかが焦点だ。至急、方向性を見極めなくてはならない」と指示した。

取材を進めるうち、特捜部のターゲットが次第に輪郭を表してきた。ひとりは、組織委でテスト大会を担当した大会運営局元次長の森泰夫、もうひとりは、森らとともに一覧表を作成・共有した電通元幹部の逸見《へんみ》晃治（55）。さらに、法人としての電通も立件する方向であることもわかった。

森は1968年生まれ。大学卒業後に就職した東急電鉄を経て、2004年に日本陸上競技連盟に入り、事業部長などを務めた後、組織委に転じた。陸連時代、大会の会場運営で広告・イベント各社とのパイプを構築したとされ、官民混成の寄せ集めだった組織委では、広告業界にも顔が利く異色の存在だった。東京五輪のマラソン・競歩が暑さ対策などから札幌での開催に変更される際には、北海道や札幌市との協議に奔走するとともに、メディアにも登場し、「仕切り役」として存在感を発揮していた。

テスト大会計画立案業務がまだ随意契約で発注される予定だった２０１７年頃。森のもとに広告会社やイベント会社などが訪問し、「この競技はうちでやらせてほしい」などと要望する動きが相次いでいた。だが翌年、同業務の発注は入札に変更され、森は各社に対し、「ここはよい」「これは他社」などと受注を差配するようになっていく。ＩＯＣやＩＦのテスト大会実施への懸念、上司からの「電通が多すぎる」などといった指摘、各社や競技団体からの要望を一手に引き受けた森について、組織委の元幹部は「板挟みになることもあったようだ」と語った。

一方、電通スポーツ局で局長補も務めた逸見は、競泳の日本記録（当時）を樹立した経歴から、社内報で「電通のトビウオ」として紹介され、同僚たちからは営業力や調整力を評価されていた。取材の過程で、逸見が森の依頼を受け、各社に会場を割り振るオペレーションを展開して受注意向を集約し、その結果を電通から大会運営局に出向していた職員が一覧表に落とし、更新していったこともわかった。

五輪・パラの開幕が迫るにつれ、森らの受注調整は加速していった。応札予定企業が競合した場合、森はこれらの企業を呼んで自ら面談し、元請け・下請けの分担を指定することもあったという。

1面差し替えで記事掲載

他社の動きも慌ただしくなってきた1月27日の夜。徳山はP担の情報を総合し、特捜部が森や逸見らを独占禁止法違反容疑で本格追及する方針は動かないと、稲垣に報告した。「2月上旬には捜査の着手がありそうだ」。稲垣は予定稿を手直しすると、本社の尾島に送った。

この日も、すでに締め切りの早い版は校了していた。「また1面の差し替えか……」と尾島。1面差し替えは、紙面の大幅な組み替えが必要になる。できれば早い版から入れたいが、理想通りに取材が進むことは少ない。特に、汚職事件や今回の談合事件では、深夜に取材結果が入り、遅い版での差し替えを編集局幹部に要請するという、尾島にとって胃の痛い日が続いていた。

この日の紙面制作に責任を持つ局幹部は、自席に近寄ってくる尾島に思わず身構えた。「打つの？」「特捜が動きそうです。トップでお願いします」。尾島と局幹部、編成部の責任者は原稿の行数や図表の有無を話し合った。「80行ほしいです」「いや、70行にしてくれ」。ニュースの要素をもれなく入れたい尾島と、紙面全体のバランスを重視する局幹部、少ない時間で見出しをひねり出す編成部のギリギリの協議が続く。

〈組織委元幹部　受注差配か　五輪談合　刑事責任追及へ〉

そんな見出しの記事が、２０２３年1月28日付朝刊最終版に差し替えで掲載された。それから12日が過ぎた2月８日、東京地検特捜部は森、逸見のほか、セレスポの専務（59）、番組制作会社「フジクリエイティブコーポレーション（ＦＣＣ）」の専務（63）を逮捕した。

特捜部の発表によると、４人は２０１８年2～7月頃、組織委が発注したテスト大会の計画立案業務や本大会の運営業務など４００億円の事業について各社の希望を考慮して受注予定企業を決定することなどで合意し、競争を制限した疑いがあるというものだった。特捜部は「計画立案業務の落札は、本大会分までの受注が前提だった」と認定した。

談合の代償

特捜部は2月28日、公取委の告発に基づき、電通をはじめ、博報堂、東急エージェンシー、セレスポ、セイムトゥー、フジクリエイティブコーポレーションの6社と、組織委元次長の森、電通元スポーツ局局長補の逸見ら7人を、独占禁止法違反（不当な取引制限）で起訴・在宅起訴した。リーニエンシーをしたADKは公取委の告発対象から外れた。

談合が行われたテスト大会と本大会の契約総額は約437億円。公取委による過去の入札談合事件の分析では、談合があった場合には想定の受注額よりも平均で2割近く高い金額で落札されていた。この分析に基づけば、膨大な血税が投入された五輪・パラの事業でも、談合で事業費が膨らみ、企業の利益が増えた可能性がある。

そして、組織委と表裏一体となり、広告・イベント各社の落札案件を差配していたのが、電通だった。高橋による汚職事件では訴追を免れたが、談合事件では組織委と表裏一体で受注調整を主導した。ある検察関係者は、取材に「電通は談合の地盤を作り、利益も確保した。悪質で、より責任は重大だ」と口を極めて批判した。

談合の「代償」は重い。独禁法が禁じる不当な取引制限の罰則は、法人が5億円以下の罰金、個人は5年以下の懲役または500万円以下の罰金。刑事処分とは別に、公取委は告発した6社を調査し、違反が認められれば課徴金納付命令を出す。

大手広告会社はスポーツイベントだけでなく、官公庁や自治体のPR事業などを担っているが、事件を受け、官公庁や自治体から軒並み指名停止とされ、入札から締め出された。社会に及ぼす影響も大きい。2025年大阪・関西万博では、日本国際博覧会協会が電通や博報堂などの入札参加資格を2024年2月まで停止したことで、PR活動の担い手が不足する事態となっているのだ。

「五輪は電通というおごりがあった」。2023年6月、電通は弁護士ら外部有識者でつくる調査検証委員会の報告書を公表した。一連の事件で、当時の電通内部でどんな問題があったのかが明らかにされるのは初めてだ。おごり——東京五輪・パラにおける電通の振る舞いを取材していて、多くの関係者が口にしていた言葉でもあった。

委員長を務めたのは、元大阪高検検事長で、最高裁判事も務めた池上政幸(71)。報告書は、電通が組織委に出向させた社員がテスト大会の委託先選定に関与していたのに、社内では利益相反を管理する体制が整備されていなかったと指摘し、「情報の取り扱いが極めてルーズで、手続きの公正性や透明性を著しく欠いていた」と批判した。

調査委は、新入社員だった高橋まつりさんが２０１５年12月、月約１０５時間にも達する残業で精神障害を発症し、24歳で命を絶った事件にも触れた。この違法残業事件では、法人としての電通と上司らが労働基準法違反容疑で書類送検され、上司は不起訴（起訴猶予）となったが、東京簡裁は２０１７年10月、電通に罰金50万円の判決を出し、確定した。

「成果重視でリスクに配慮せず」「行き過ぎた現場主義による閉鎖的な人事制度」――。報告書には、電通の体質を糾弾する厳しい言葉が連なった。

ただ、報告書は、談合事件における個々の社員の役割や組織的な関与には踏み込まず、組織委側との受注調整にも触れていない。また、汚職事件の背景ともなった利益優先のスポンサー集めの実態についても一切言及しないままだった。報告書の公表を受け、取材にあたった遊軍の早坂剛幸と落合宏美には、「まだ電通の闇が解明されたとはいえないのではないか」という思いだけが残った。

第7章

再起の道は

2023年3月、五輪汚職再発防止に向けた検討会議に臨む
山下泰裕JOC会長（左）と室伏広治スポーツ庁長官（読売新聞社）

意思決定の過程は闇の中

東京地検特捜部が汚職事件の強制捜査に乗り出す前月の2022年6月。東京五輪・パラリンピック大会組織委員会は、最終的な開催経費が1兆4238億円に上ったとする公式報告書を公表した。理事会では、月末に組織委を解散することで合意した。

開催経費は、招致委員会が2013年、選手村近くに主要競技場を配置する「コンパクト五輪」を掲げ、国際オリンピック委員会（IOC）に提出した立候補ファイルでは7340億円で済むとされていた。ところが、仮設施設の整備・撤去や警備、輸送に関する費用などが次々と積み増され、最終的には倍増となった。負担の内訳は、組織委が6404億円だった一方、東京都が5965億円、国が1869億円で、公費負担は計7834億円に上った。当初の甘すぎる見積もりのツケを、国民が支払わされたのだ。

汚職事件の摘発が続き、国民から五輪・パラへの厳しい視線が注がれていた202 2年10月になって、東京都は、組織委が作った文書のうち記者会見録など都が管理する3989点を公開した。組織委は、東京都と日本オリンピック委員会（JOC）が資金を拠出して作られた公益財団法人で、都からも職員が組織委に出向していた。

だが、スポンサーの選定方法や契約の経緯、詳しい契約内容がわかる資料は、「民間企業の情報や個人情報を含む文書は守秘義務があり、公開になじまない」として組織委の清算法人が開示を認めなかった。電通を専任代理店に選んだ過程なども同様の理由で秘匿された。

公開された文書でも、重要事項を決める理事会や評議員会の議事録には概要しか記されておらず、「誰が、何を、どのように発言したのか」といった具体的な内容はわからない。

遊軍の竹内駿平は、「これでは何も分からない。なぜ不正が起きたのか、第三者が調べることができない」と、積み重なった資料をめくりながら憤りを禁じ得なかった。

東京都庁に拠点を構える清算法人は、約20人の職員が債務の支払いや仮設施設の原状回復といった残務を担うのみ。組織委の母体の一つであるJOCも含め、事件を招いた背景について検証する姿勢を示さなかった。

関係機関の後ろ向きな姿勢は、都議会でも問題になった。2022年11月の都議会オリンピック・パラリンピック特別委員会では、委員が「検証のために清算法人の文書を開示できないのか」と質問したが、都の担当者は、「契約相手の事業情報など、守秘義務が課されているものや、個人情報を含むものがある」と従来の組織委の主張を繰り返すばかりだった。

「これだけの事件の舞台となりながら、意思決定の過程をブラックボックスのままにしておくのは、不都合な事実を隠しているとみなされてもおかしくない」。竹内の疑いは深まる一方だった。

遊軍の糸井裕哉は、JOC元参事で五輪アナリストの春日良一(67)に、こうした組織委やJOCの姿勢について尋ねた。1978年から日本体育協会やJOCに勤務し、1998年長野大会の招致に力を尽くした春日は、「組織委理事に与えられた権限が曖昧で、何か問題が起きても見て見ぬふりをしていた。事なかれ主義に原因がある」と説明した。

組織委の理事は政界や財界、スポーツ界の要人らで構成され、その「実動部隊」は官庁や都、民間企業からの出向者が大半を占める。いわば官民混成の寄せ集めだ。春日は、「スポンサー選定などに問題があった場合に誰が責任を取るのかも決まっていなかった。『カネさえ集まればプロセスはどうでもいい』という考え方が根源にあったのではないか」と指摘する。

その上で、「ブラックボックスのままで国民の理解を得られるはずがない。組織委の体制やスポンサー集めのあり方に抜本的な改革が必要だ」と話した。

再発防止のプロジェクトチーム

社会部遊軍の早坂剛幸と竹内は、大規模なスポーツ大会を再び日本で開催するために国やスポーツ界が何を考え、どう動くのかを追った。

事件で東京大会の威信は失墜した。あるスポンサーは取材に「全て踏みにじられた。商業主義の体質が改まらなければ、今後の大会で声がかかっても慎重にならざるを得ない」と憤った。２０３０年冬季大会招致を模索していた札幌では、招致を支持する市民が急減した。

２０２２年11月15日、スポーツ庁は、国内で開催される大規模な国際スポーツ大会のガバナンス（統治）体制や情報開示について考える検討会議の設置を発表した。同庁のほか、日本オリンピック委員会（ＪＯＣ）、日本スポーツ協会、日本パラスポーツ協会、日本スポーツ振興センターがかかわり、札幌市や２０２５年に陸上世界選手権などが開催される東京都などもオブザーバーとして参加した。会議の下には、再発防止に向けた指針を作るため、弁護士３人と公認会計士２人をメンバーとするプロジェクトチーム（ＰＴ）も設けられた。

11月18日午前、東京・霞が関の文部科学省。検討会議の初会合が始まった。冒頭、「（汚職事件は）決して許されず、２度と繰り返されてはならない」と、ＪＯＣ会長の山下泰裕（65）が力を込めて語った。

「組織委の役員選定の規定などガバナンス強化の具体策はあるのか」「利益相反の規定は整えているのか」――。約１時間半に及んだ会議では、ＰＴメンバーの弁護士や公認会計士から問題点の指摘や意見が相次いだ。公認会計士の国井隆は、事件の背景として、１９８４年ロサンゼルス大会以降の五輪の商業化・肥大化を指摘。「五輪のあり方を一度問い直す必要がある」と語った。

ＰＴは、組織委の資料や海外の事例などを調べ、組織委元職員らへのヒアリングなども実施し、再発防止に向けた課題を洗い出した。調査では、組織委理事会の形骸化や不透明な意思決定、利益相反管理の欠如などの問題点が浮き彫りにされたという。

談合事件で組織委大会運営局元次長の森泰夫や元電通スポーツ局局長補の逸見晃治らが特捜部に逮捕された直後の２０２３年２月、ＰＴは、大規模なスポーツ大会の運営組織におけるガバナンス指針案を公表した。指針案では、▽独立した役員候補者選考委員会を設ける▽スポンサーの選定方針や決定権限の所在を理事会で決め、規定を整備する▽マーケティング業務を第三者に委託する場合は、第三者を公正に選考するための仕組みを定める▽法令が定める以外の情報も主体的、積極的に開示する――ことなどを運営組織に求めた。

東京大会の組織委がそうだったように、今後も、官民からの出向者で運営する大会が多いことを踏まえ、理事会から独立した利益相反管理委員会の設置や、利益相反に該当する取引の基準を定め、出向者を出向元の企業と密接な部署に配置しないことも盛り込んだ。通報窓口や懲罰制度を設けることも提言した。

指針案の公表後、談合事件で広告最大手「電通グループ」などが起訴された。これを受け、新たに入札に関するガイドラインや談合を誘発しないためのマニュアルを作って役職員らへの研修を実施することを追加した指針が2023年3月に公表された。指針に強制力はないため、運営組織には順守状況を年1回は公表することを求めた。山下は、「アスリートが安心して競技に集中し、活躍するために、スポーツに対する信頼は欠かせない。指針は信頼回復の第一歩だ」と述べた。

「五輪の理念」浸透が必要

「理念なきイベントだった」。2023年7月18日、元組織委理事で中京大学教授の來田享子は、検察担当デスクの尾島崇之の取材に、2度目の東京五輪・パラで二つの事件が起きた背景について、そんな見解を示した。

來田は五輪史が専門で、スポーツとジェンダーの関係にも詳しい。五輪への商業主義の導入について、「女性の参加に道を開いたとともに、アフリカや東欧といった国々からの選手派遣の実現にもつながっており、必ずしもネガティブとは言えない。問題は、大会を招致・開催する関係者に五輪の理念が理解されているかどうかだ」と指摘。さらに、「本来はJOCを中心とするスポーツ界が理念を理解し、電通など運営委託先にしっかりと浸透させる必要があった。ところが、日本のスポーツ界にその力がなかったために、委託先が、五輪を単なるビジネスチャンスととらえてしまった」と続けた。

來田は、日本が今後再び五輪を開催するようになるためには、大会運営の透明性確保、第三者機関による監視機能の強化のほか、五輪の理念に精通し、社会に広く浸透させる人材が必要だと説く。さらに、「日本で開く『大義』も欠かせない。たとえば札幌は、自然降雪だけで冬季競技が行える数少ない都市だ。また、被爆地の広島は、五輪の理念にある『世界平和』を体現できる」とし、「これら全てがそろってはじめて、次の五輪開催が見えてくる」と語った。

第8章

裁　判

東京地裁が入る裁判所合同庁舎
（読売新聞社）

注目のAOKI初公判

2022年12月22日昼、東京・霞が関。冷たい雨が降る中、東京地裁の西側出口そばに設けられた傍聴券の抽選会場には、大勢の人が長蛇の列をつくっていた。この日午後1時15分から、東京五輪・パラリンピックを巡る汚職事件で、初めての刑事裁判が開かれるのだ。

被告は、大会組織委員会元理事・高橋治之への贈賄罪で起訴された紳士服大手「AOKIホールディングス」前会長・青木拡憲、弟で前副会長・宝久、元専務執行役員・上田雄久。3人は2022年8月に逮捕され、起訴された後に保釈されていた。

東京・霞が関にある司法記者クラブにはキャップの稲垣信、サブキャップの石浜友理をはじめ、裁判担当（J担）3人と検察担当（P担）4人の計9人が配置されている。

Ｊ担は、東京地裁、東京高裁で開かれる裁判を取材する。３人のうち１人は最高裁を担当しているが、注目度の高い事件や訴訟の場合は総掛かりになる。締め切り間際などは、法廷での出来事を可能な限り紙面に反映させるため、３人が順番で法廷に入り、分刻みで交代することも珍しくない。

「ＡＯＫＩの３人は、いずれも容疑を認めている……」。Ｊ担の１人で、刑事裁判を担当する杉本和真（30）は、資料を読み込みながら裁判の展開を想像していた。刑事裁判の冒頭手続きでは、まず被告が裁判官の前で起訴事実を認めるか否かを述べる。その後、検察側が冒頭陳述を行い、この裁判で何を立証するのかを説明し、証拠の概要を読み上げる。

法廷内は、録画も録音も許されていない。このためＪ担は、検察側と弁護側のやりとり、被告の表情や行動、裁判官の訴訟指揮などを自分で確認し、ノートに書き留めていくしかない。「１面と社会面で書き分けが必要になる。大仕事だ」。開廷が迫るにつれ、杉本の緊張は増していった。

ＡＯＫＩの初公判の取材には、Ｊ担だけでなく、Ｐ担として捜査段階の取材に携わってきた益子晴奈、遊軍の落合宏美も加わった。

落合は大阪社会部で検察担当を務め、法廷での取材経験もある。だが、これほど大きな裁判を任されるのは初めてだ。「いずれも名だたる企業のトップら12人が、どうして高橋に賄賂を提供することになったのか。じかに聞ける貴重な機会だ」。

稲垣は、サブキャップの石浜、J担の杉本、板倉拓也(34)らにAOKI公判のポイントを説明した。事件や裁判取材の経験が豊富な石浜は2022年9月に前任の早坂剛幸と交代して以降、事件報道に集中する稲垣と役割分担し、主に裁判取材を切り盛りしてきた。

J担が注目したのはまず、高橋の職務権限だ。

大会組織委の役職員は、法令で「みなし公務員」とされ、職務に関して賄賂を受けた場合は収賄罪が適用される。「でも、組織委の定款上は、個々の理事の権限は曖昧ですね」と杉本。稲垣は「そう。その点はうちが7月に初報を打つ前から大きな焦点だった。検察側は冒頭陳述で、職務権限を具体的に説明するはず。それが記事の根幹の一つになる」と言った。

稲垣は「青木前会長が法廷でどう振る舞うのかも気をつけてみてほしい。公の場で、彼が事件のことを説明するのは初めてだ」と付け加えた。落合を含めて法廷に入る４人の役割分担は、杉本、板倉、益子の３人が順番に法廷を出入りして稲垣や石浜に概要を伝え、落合には最後まで通しで傍聴取材してもらうことにした。

高橋の裁判を見据えて

東京地裁で最も大きな１０４号法廷。杉本の腕時計が午後１時15分を指そうとしていた頃、３人が入廷した。濃紺や黒のスーツを着込み、口元はマスクに覆われていて表情が見えない。３人はそれぞれ地裁刑事第16部の安永健次裁判長（56）に一礼し、被告人用の長椅子に並んで座った。

傍聴席から見て一番奥に座った青木拡憲は背筋をまっすぐに伸ばし、対面する検察官の方を見つめていた。華奢な体つきだが、黒髪と姿勢の良さはとても80歳代とは思えない。宝久、上田も落ち着いた雰囲気だ。「有名企業のトップとは、こういう場でも堂々としているものだな」。刑事裁判で数多くの被告を見てきた杉本は、３人の様子に感心した。

大会スポンサーの契約などで有利になるよう高橋に依頼し、便宜を図ってもらった見返りに2019年9月〜2022年3月に計2800万円を渡した——。検察官の起訴状朗読が終わると、青木は証言台の前に立つようにと促された。安永裁判長から認否を問われ、「間違いありません」とはっきり答える。宝久、上田も同じく起訴事実を認めた。傍聴席では、杉本をはじめ、各社のJ担たちが速報を流すため一斉に席を立つ。

検察側の冒頭陳述が始まった。

「2014年6月に組織委理事に就任した高橋（治之）は、電通の専務を務め、『スポーツマーケティングの第一人者』とされてきたことから、活躍を期待され、組織委会長の森（喜朗）から『マーケティング担当理事』としてスポンサー集めを任された」

「そのため、理事会でスポンサー契約やライセンス契約の締結状況について意見を述べたり、組織委マーケティング局長らに働きかけたりすることも、その職務としていた」

「検察は高橋の職務権限を、定款うんぬんではなく、実態で判断したということだな」。J担たちから冒頭陳述の内容を聞いた稲垣は、そんな印象を持った。

被告人用の長椅子で身じろぎもしない青木ら3人を前に、検察官は高橋の説明を続けていく。高橋は2017年1月に東京・六本木のステーキ店で青木らにスポンサーになるよう持ちかけ、同年7月には森をAOKI側に引き合わせていた。一方で、古巣の電通から多くの出向社員を受け入れていた組織委マーケティング局に圧力をかけ、同局では、AOKIなど高橋から紹介されたスポンサー企業を「高橋理事案件」と呼び、指示や要請にできるだけ応えようとしていた――。

この法廷に高橋はいない。「検察は、いずれ開かれる高橋の裁判を見据え、外堀を埋めるのが狙いか」。落合はペンを走らせながら考えた。

冒頭陳述は、AOKIから高橋への資金提供に主題が移る。

高橋への資金提供は、高橋のコンサルタント会社「コモンズ」とAOKI創業者一族の資産管理会社「アニヴェルセルHOLDINGS」との契約に基づいて行われていた。検察官は、高橋と青木・宝久の間では、このコンサル契約に「オリンピック」

という言葉を盛り込まないことで合意していたと明らかにした。落合には、ＡＯＫＩからの提供資金を「正当なコンサル料だった」と主張する高橋の機先を制する狙いのように思えた。

オリンピック理念に反する「後ろめたさ」

わずかな休憩の後、青木の妻らが法廷の証言台に立ち、弁護人による証人尋問に答えた。３人が起訴事実を認めているため、尋問は、言い渡される刑を少しでも軽くする目的で行われる。それまで、検察側のストーリーに全身を耳にしていた杉本や落合らは、気持ちを新たに、いわゆる「情状証人」の言葉に聞き入った。

「仕事一筋で誠実です」。青木の妻は、夫をそう語り始めた。「（最初の店舗を出した時は）１か月に１回ぐらいしか家庭での休みがなかったと思います」。青木は表情を崩さず、まっすぐ前を見ていた。

被告人質問で、青木は事件について弁護人から問われ、「私の不徳の致すところでございます」と反省を口にした。続くやりとりで、落合は、青木が心に宿した五輪への情熱を初めて肉声で聞いた。「ＡＯＫＩの経営理念は、『社会性の追求』『公益性の追求』『公共性の追求』です。オリンピック招致に対して、日本の元気に必ずつながるという熱い思いで、全力で協力させていただきました」。

一方、検察官は青木に向かい、新たな疑惑を問いただした。「上田（雄久）被告が取り調べを受け始めた頃に、従業員に指示して五輪関係の資料をシュレッダーにかけさせましたか？」。青木は、P担らがAOKIの疑惑を初めて耳にした頃の2022年4月下旬、上田に、メモや手帳を燃やすように命じていたというのだ。青木は「私にとっては青天の霹靂《へきれき》で、まさかということで、気が動転しておりました。反省しております」と力なく語った。

宝久と上田は被告人質問で、青木を「1000番《せんばん》」と呼び、上田は宝久を「1番《いちばん》」と呼んだ。1000番はAOKIが掲げた「法人税の納税1千億円」の目標が、1番は「初心忘るべからず」の決意がそれぞれ込められているが、意味を理解できない傍聴人からは失笑も漏れた。

上田は被告人質問で、高橋への贈賄工作に臨んだ胸中を語った。上田は、AOKIの取締役兼マーケティング・販売促進部部長だった。

「AOKIだけが有利で特別な取り計らいを受けることは（オリンピックの）理念に

反する後ろめたさがあった」
「世紀の祭典でＡＯＫＩグループが商機を生かすことの使命感を感じた」
「だが、使命感を言い訳にして後ろめたさを見ないようにしていた」

年をまたいだ２０２３年2月1日に開かれた第2回公判。検察側は、３人の被告について「大会を私利私欲のために利用し、大会の公正な運営に対する国内外からの信頼を失墜させた」などと論告を読み上げ、青木に懲役2年6月、宝久に懲役1年6月、上田に懲役1年をそれぞれ求刑した。高橋への贈賄工作を主導した青木の求刑が最も重くされた。

一方、弁護側は最終弁論で、青木らは高橋に利用されたと訴え、執行猶予付きの判決を求めた。高橋がＡＯＫＩにスポンサーを持ちかけたのは、協賛金を中抜きして私利を得る目的があったとし、３人の依頼はどれも高橋からの提案がきっかけだったと主張した。３人が個人的利益を一切得ていないことも強調した。

判決は4月21日に設定された。Ｊ担と落合の4人はこれまでの取材結果をまとめ、4月に稲垣から交代した新キャップの森下義臣（47）を交えて判決時の紙面構成を話し合った。

「3人の有罪は動かないと思う。ことに、証拠隠滅まで図っていた青木の罪は重く問われるだろう」と杉本が語った。この時点で、高橋の公判は始まる見通しすら立っていなかったが、石浜やJ担らには、森の供述を踏まえて高橋の職務権限を詳細に明らかにした検察側立証が、3人の裁判官に強い印象を与えたように思われた。石浜は「それに加えて、AOKI側が資金提供の趣旨を賄賂と認めた。外堀が埋められてしまった高橋側がどう出るかがポイントだ」と先を見通した。

「高橋が組織委や電通に贈賄側の要望を伝えて便宜を図るよう求め、その見返りに賄賂を受け取ったという構図は、KADOKAWAなどほかの4ルートも同じだ。AOKIの判決は他のルートの公判を占う意味でも重要だ」。森下は、専門家に今後のポイントを取材するよう指示した。

有罪判決

2023年4月21日朝。青木ら3人の判決には、初公判の時と同様、多くの傍聴希望者が裁判所の抽選に並んだ。一連の五輪汚職事件で初めての判決とあって、東京地裁南門では青木らの表情をとらえようと複数のテレビカメラが待ち構えた。

開廷は午前10時。注目度の高さからみて、判決の内容は、夕刊の1面と社会面に書き分けなければならない。「時間がタイトだな……」。検察担当デスクの尾島崇之は前日までに、3人の有罪判決を想定した予定稿を受け取り、チェックはしていたものの、正確な記事を読者に届けることに普段以上の重圧を感じた。

「主文を聞いたらまず速報だ」。尾島はキャップの森下に指示した。法廷で取材するのは、1月から刑事裁判担当になった坂本早希(31)、落合を含めた4人。森下と石浜が4人から報告を聞き、予定稿を直して出稿する段取りだが、判決の中身はいつも、蓋を開けてみないとわからない。仮に裁判所が無罪を言い渡した際には、根底から原稿を作り直さなければならないのだ。

104号法廷の傍聴人が全員着席して静かになった頃、青木らスーツ姿の3人が入廷した。午前10時ちょうど、安永裁判長は3人に証言台の前に進むよう促し、中央に青木、その右隣に弟の宝久、左隣に上田が並び、背筋を伸ばして裁判長に向き合った。

「青木は懲役2年6月、執行猶予4年、宝久は懲役1年6月、執行猶予3年、上田は懲役1年、執行猶予3年」。安永裁判長の声が法廷に響くと、記者たちが慌てて法廷を飛び出していく。森下と石浜は、坂本から連絡を受けると、速報を整え、本社の尾島へと送った。

判決は、3人に刑を言い渡す理由に移った。「高橋の職務権限をどう認定するか」。この日も通しで法廷に入るよう命じられた落合は、安永裁判長の言葉を緊張しながら待つ。

「高橋は組織委元会長の森からマーケティングを任され、その職務において強い権限を有する実態があった」

「青木らは、森を交えた会食の場や組織委の担当者とのやり取りで、高橋の影響力の強さを認識し、東京大会で大きな利益を上げようと高橋を頼った」

判決の認定は、検察側の立証よりさらに洗練されたように、落合には聞こえた。

判決の読み上げは10分とかからなかったが、その要点を理解し、予定稿を書き換えていく作業はスムーズにはいかない。「認定された事実は、この表現で間違いないか？」「3人の被告の量刑に差がつけられた理由は」。記者クラブでは、キャップの森下とJ担らの間で緊迫したやりとりが繰り返される。

21日の夕刊は、1面で、3人に言い渡された量刑と、高橋の職務権限、青木が犯行を主導したことなどを端的に伝え、社会面には、言い渡しを受ける際の青木らの表情、3人が有罪となった詳しい理由などを盛り込んだ。締め切り時間が過ぎると、本社の尾島も、記者クラブの森下らも疲れ切って、しばし放心状態となっていた。

トップに異を唱えられなかった実態

「今回は、これまでの贈収賄事件とは全く違う」。取材班には2022年春以降、多数の関係者を取材し、疑惑を追及していく中で、共通の理解があった。日本が総力を挙げて開催した五輪・パラリンピックが舞台となり、運営の根幹となるスポンサー契約を巡って億単位の賄賂をやりとりしていたというインパクトは、過去の事件の比ではない。日本発の報道が世界から注目を集め、今後の大会招致にも影響が出る事態にまで至っているのだ。

判決は、こうした取材班の理解と同様に、東京大会について「世界的に注目され、国家的に特に重要なスポーツの競技会」「国家的な意義を有する」と表現した上で、「大会運営に携わる役員の職務の公正とこれに対する社会の信頼、ひいては、大会自体の公正な運営に対する社会の信頼が害されるに至った」とし、3人による贈賄行為を厳しく非難した。

青木は、安永裁判長による判決の朗読を、何度もうなずきながら聞いていた。落合にはその様子が、被告人質問で五輪を熱く語っていた姿と重なった。「でも彼は、五輪事業への参入で間違った方法を選択してしまった。そして会社もろとも、突っ走ってしまった」。

判決に先立つ2023年3月28日、AOKIホールディングスが公表した「ガバナンス検証・改革委員会」の報告書では、会社が東証1部に上場し、業界2位へと発展してからも、創業者の青木が絶大な権力を持ち、その判断に宝久や上田も異を唱えなかった実態が明らかにされていた。「トップが暴走し、誰も歯止めをかけられない会社は、AOKIと同じような運命をたどることになるのだろうか」。判決と報告書を見比べ、落合はそんな印象を強くした。

判決翌日付の朝刊は、判決が、高橋の職務権限を明確に認定したことに焦点をあて、ほかの4ルートに与える影響などを詳報した。「いずれのルートも立証は基本的に同じ。最初の判決で主張が全面的に認められた意義は大きい」。検察幹部は、初戦の「完勝」をそう喜んだ。

判決を受け、AOKIは、青木の次男で会長の彰宏ら執行部の役員報酬の一部返上を発表した。また、青木兄弟が事件で生じた損害を賠償するとして、5億円の「解決金」を支払うことになったと明らかにした。上田を含めた3人は控訴せず、5月9日に判決が確定した。

ADK——広告業界3位の「メンツ」

「裁判所もかなりの体制を組んで臨むことになるだろう」

2022年12月にAOKI公判が始まる直前。J担の杉本は、一連の汚職事件の公判について、知り合いの裁判官からそんな見通しを聞いた。「ロッキード、リクルートと同様の大型事件になってもおかしくない」。関係者によると、裁判所内ではそんな声も出ていたという。

汚職事件で起訴されたのは、収賄側が大会組織委員会元理事の高橋治之を含めて3人、贈賄側はAOKI、KADOKAWA、ADKなど5社のトップを含む12人。東京地裁刑事部では1ルートごとに一つの部が担当した。

社会を震撼させたオウム真理教事件では、最終的に192人の教団幹部や信者らが起訴された。東京地裁は1995年夏、刑事裁判を審理するすべての部に事件を振り分けて対応した。被告の数はオウム事件より格段に少ないが、1部ごとに1ルートを受け持つという体制は、事件の規模の大きさとともに、迅速な審理を重視する裁判所の姿勢をうかがわせた。

捜査段階でAOKIに続いて立件されたのは、KADOKAWAルートだった。ただ、ADKホールディングス前社長・植野伸一は2022年10月19日の逮捕当初の否認から一転、起訴事実を認める姿勢に転じ、2023年1月23日に東京・小菅の東京拘置所から保釈されていた。こうした経緯から、ADKルートの公判は、前会長の角川歴彦が起訴事実を否認しているとみられるKADOKAWAルートに先行する形となった。

ＡＤＫを担当するのは刑事第3部の友重雅裕裁判長（51）。植野の初公判は２０２３年2月17日に開かれた。

検察官が起訴状を朗読する。植野は専務執行役員だった久松茂治、東京大会のプロジェクト本部本部長だった多田俊明と共謀し、ＡＤＫ側が「販売協力代理店」に選定されるよう便宜を図ってもらった見返りなどとして、高橋に２０１９年11月～２０２２年1月、計１４８５万円の賄賂を渡した――。植野は「違いありません」と起訴事実を認めた。

贈賄側の5ルートは単純に言えば、いずれも五輪・パラ事業に参入するため、マーケティング担当理事だった高橋に賄賂を渡した、という構図だ。だが、そこに至る経緯や会社の内部事情は5者5様。ＡＤＫの場合は、電通、博報堂に次ぐ広告業界3位の「メンツを保つ」上層部の意思が贈賄工作につながっていったと、検察側は説明した。

検察側が冒頭陳述などで明らかにした内容は、次のようなものだ。

ＡＤＫでは２０１２年10月頃から、東京大会のスポンサー獲得業務に参入することを目指した。当時、すでに東京大会のマーケティング専任代理店には電通の選定が確実視されており、多田らはＡＤＫが電通の下で協力店になるために、高橋を頼る必要があると判断。植野は２０１３年5月に多田らから「キーマンになる」と高橋について報告を受け、高橋のコンサルタント会社「コモンズ」と月50万円のコンサル契約を結ぶことを了承した。同年9月に東京大会招致が決定すると、植野らは協力店入りやスポンサー集めの協力を何度も高橋に依頼し、了承されたが、スポンサーは1社も獲得できない状態が続いた。

久松や多田はこの当時、強い危機感を抱いていた。

「業界3位の広告代理店として面目が丸つぶれになる」

「たいへん恥ずかしいと思い、強い焦りを感じていた」

植野も同様で、高橋に「どうか助けてください、スポンサーを紹介してください」と懇願していた。高橋は「おう、わかった」と応じたという。

法廷でメモを取っていた杉本は、検察官が言う植野の懇願に、強烈な印象を受けた。高橋の「力」は、ＡＯＫＩ公判でその一端が明らかにされてはいた。古巣の電通や、後輩が多数出向していた組織委に向けられたもので、高橋が、いわば「身内」に権力を振りかざしていた形だった。だが、視点が変わると、その強大さがリアルに伝わってきた。「業界屈指の会社のトップがひれ伏すほどだったとは……」。

検察側の説明が続く。植野の懇願を受けた高橋は、電通側に対し、駐車場運営会社のスポンサー契約業務を「ADKまわしにしろ」と指示。「まわし」とは、第6章で触れたように、談合事件の背景としても指摘されている広告業界の慣習だ。こうした後押しに対する見返りとして、高橋から送金を要求されたADKは、顧問弁護士から違法性を指摘されながら支払いを続けていた。

2023年3月8日には、久松、多田も初公判で起訴事実を認めた。検察側は、久松、多田にそれぞれ懲役1年6月を求刑し、友重裁判長は5月11日、久松を懲役1年6月、執行猶予3年、多田を懲役1年、執行猶予3年の有罪とした。

検察側は5月16日、植野に懲役2年を求刑した。植野はこれまでの公判で、高橋に懇願したとする検察側の主張を否定したものの、この日の最終意見陳述で「世界最大のイベントで国民の信頼を大きく損ね、深く反省している」と謝罪した。7月12日、友重裁判長は植野に懲役2年、執行猶予4年の有罪判決を言い渡した。起訴事実を認めながらも、公判で違法性の認識を否定していた植野。判決には「不合理な弁解を重ね、久松や多田に責任をなすりつける態度に終始し、真摯な反省の態度は見いだせない」など、厳しい言葉が並んでいた。

竹田ＪＯＣ前会長の「立ち位置」

取材班が常にその動向を意識してきた「大物」のひとりに、日本オリンピック委員会（ＪＯＣ）前会長の竹田恒和がいる。２００１年にＪＯＣ会長に就任し、２０１２年からは国際オリンピック委員会（ＩＯＣ）委員も兼任。東京大会招致を成功させ、大会組織委員会の副会長を務めた。だが、先にも触れたように、招致を巡って不透明な資金提供を行った疑惑でフランス司法当局の捜査対象となった。不正への関与は否定したが、東京大会の開催前にいずれの役職からも退いていた。汚職事件では、東京地検特捜部から複数回にわたって任意の事情聴取を受けていた。

２０２３年3月28日、高橋の慶応大の後輩で、竹田とも高校時代からの友人というコンサルタント会社「アミューズ」（解散）元社長、松井譲二の初公判が東京地裁で開かれた。この会社はＡＤＫ側とサン・アロー側が高橋に渡した賄賂の「受け皿」となったとされ、松井は高橋と一体となって利益を得たとして収賄罪で起訴された。

竹田が公の場で汚職事件への関わりなどを説明したことはない。「高橋や松井とのつながりがどこまであぶり出されるのか」。落合が大きな関心を寄せていた検察側の立証は、松井が証言台で起訴事実を認めた後、始まった。


竹田は2014年3月頃、公職とは別に、自身が経営する旅行会社の顧客から「東京大会関連の商取引に関する依頼」を受けた。竹田はその後、組織委理事に就任していた高橋に組織委側への働きかけを依頼。その約1週間後、竹田は東京都内の飲食店で松井と食事を取る。

竹田は松井に、取引にあたってアミューズ口座を使わせてほしいと持ちかけ、松井は承諾した。検察官は、この時の松井の狙いを「謝礼を受領できるものと考えて受け入れた」と説明した。

2016年9月。高橋は、竹田から依頼された取引に進展があったとして、竹田を通じ、松井をコンサル会社「コモンズ」の事務所に呼んだ。高橋は松井に「いろいろ動いて取ってくるから」と、便宜を図った見返りに報酬を得ることを伝え、自身への金の流れが記録に残らないよう、アミューズの口座から現金で引き出せるかどうか確認した。可能と答えた松井に、高橋は「アミューズ口座への入金は、高橋、松井、竹田で三等分する」と伝えた。

この商取引は結果的に成立しなかったが、高橋はその後もアミューズの口座を賄賂の受け皿として利用する。松井は2019年5月、ADKとサン・アローからアミューズに振り込まれた賄賂のうち約563万円をそれぞれの取り分と計算し、高橋の事務所で、高橋と竹田に手渡そうとした。高橋は受け取ったが、竹田は「これは受け取れない」と固辞し、2022年2月に高橋が渡そうとした際も受け取らなかったという。

検察側が冒頭陳述や証拠の概要説明で明らかにした竹田の「立ち位置」は、おおむねこうした内容だった。「竹田は、賄賂は受け取っていない。でも、高橋への提供資金をアミューズで受け取るスキームと、三等分の約束をもし知っていたのだとしたら、いさめるべきだったのではないか」。法廷の坂本は、特捜部が竹田から何度も事情聴取していたことを思い出していた。「検察側の主張通りならば、少なくとも公平・公正な五輪の理念を実現する責任者として、ふさわしい行動とは言えない」」。

検察側は4月28日、松井に懲役2年、追徴金約2740万円を求刑。地裁は7月4日、松井に懲役2年、執行猶予4年、追徴金約2740万円の有罪判決を言い渡した。検察側が立証した内容について、竹田は今なお公の場で説明していない。

KADOKAWA——罪の意識

「心臓が張り裂けそうなくらい動揺した」

KADOKAWAルートの初公判は2023年3月30日に東京地裁で開かれ、元担当室長・馬庭教二が出廷した。初公判では、馬庭が2022年7月に高橋の現金授受疑惑報道を目にした瞬間、そんな思いを抱いていたことが、検察側が読み上げた供述調書で明らかにされた。

KADOKAWAルートを担当するのは地裁刑事第17部の中尾佳久裁判長（54）。馬庭は同社前会長・角川歴彦、元専務・芳原世幸と共謀し、高橋にスポンサーに選定されるよう依頼して便宜を図ってもらった見返りに2019年9月〜2021年1月、計6909万円を渡したとする起訴事実を認めた。

冒頭陳述などで、検察側は、起訴事実を否認しているとされる角川の関与を印象づけるかのように、角川と部下らのやり取りを再現した。創業者一族のトップが大会スポンサー入りに強い意欲を持ち、部下が「右へならえ」で贈賄行為を実行した構図は、AOKIとほぼ変わらない。だが、法廷の落合は検察側の立証を聞きながら、「部下たちが高橋への資金提供を『危ない橋』と認識していた点は、AOKIとは大きく違う」と感じた。

「世の中そんなもんだから、聞くしかないんだよ」

2016年10月、高橋側が大会スポンサーの選定を巡って対価の支払いを要求しているとの報告を受けると、角川はこう応じた。「みなし公務員」の組織委理事に対する資金提供は違法行為にあたるかもしれない――。芳原はそんな懸念を抱き、KADOKAWAの法務部門に法的問題の有無や対応策を相談するよう馬庭に指示した。2016年12月、顧問弁護士の見解として「支払いは贈賄罪にあたり得る」と伝えられた。

芳原は、2017年4月4日にセットされた角川、高橋、組織委会長の森喜朗による会談の前にも、角川に「高橋に具体的なお願いをすることは控えて下さい」と伝えていた。角川は、「そんなのわかってるよ」と答えたという。

検察官が読み上げた馬庭の供述調書には、「絶対権力者のトップに仕える部下の深い葛藤」がにじみ出ていた。馬庭は顧問弁護士の意見を理解しながらも、「会長は高橋への資金提供に応じると決定しており、担当室長としてKADOKAWAをスポンサーにすることは任務で、自分もそうしたいと思った」。さらに、「罪の意識があり、オリンピックを心から楽しむことができなかった」とも述べていた。

馬庭は、検察官が読み上げる自身の調書を聞きながら、じっと一点を見つめたり、うなだれたりしていた。その様子は、危ないとわかっていても、暴走するトップを食い止められなかった自分の無力さを責めているかのようだった。第2回公判で、検察側は馬庭に懲役2年を求刑し、弁護側は執行猶予付きの判決を求めた。地裁は6月15日、懲役2年、執行猶予3年の判決を言い渡した。

角川は逮捕から7か月あまりたった2023年4月27日、保釈保証金2億円を納め、東京拘置所から保釈された。一連の汚職事件で起訴された15人の中では、最も長く勾留されていた。車いすで拘置所の玄関から外に出た角川が、迎えの車に乗り込む際、ＫＡＤＯＫＡＷＡ関係者とみられる人たちが「会長！」と呼びかける一幕もあった。

「2％は欲しいな」と高橋

「素晴らしい未来を永遠《とわ》に」
「so mighty（ソー・マイティー＝非常に力強い）」
東京五輪・パラへの願いや大会のイメージを名前に込めた大会マスコット「ミライトワ」「ソメイティ」がデビューしたのは、２０１８年7月22日のことだった。都内で開かれたイベントには大会組織委会長の森喜朗、東京都知事の小池百合子ら大会関係者のほか、多くの子供たちも参加。藍色の市松模様が特徴のミライトワや、桜色のかわいらしいソメイティに親しんだ。

２０２３年4月10日、贈賄ルートの一つで、ぬいぐるみ販売会社「サン・アロー」元社長・関口芳弘と、その息子で前社長・関口太嗣の初公判が開かれた。このルートは、東京地裁刑事第4部の高橋康明裁判長（55）が担当することになった。

関口親子は、大会マスコットのぬいぐるみを公式ライセンス商品として製造・販売するため、組織委との契約の円滑な締結などを高橋治之に依頼。便宜を図ってもらった見返りとして、2020年1月~2021年4月、高橋に計約223万円の賄賂を提供したとする贈賄罪で起訴された。親子はいずれも高橋裁判長の前で起訴事実を認めた。

検察側が冒頭陳述を始めた。そこで解き明かされていく高橋治之と関口親子のやりとりには、ほかのルートにはない特徴が見えた。それは、たとえ提供資金の額が少なくても、それを自らのものにしようとする高橋の強い意思だった。「どこまで貪欲なのか」。法廷取材に入った杉本は、そう思わざるを得なかった。

2017年12月26日、サン・アローのぬいぐるみが契約締結の見通しとなったことから、高橋のもとを訪ねた関口親子。後押しの謝礼として現金300万円を差し出すと、受け取りを拒んだ高橋はこう言い放ったという。「売り上げベースでいこうや。2パー(%)は欲しいな」。

サン・アローは1998年長野冬季大会でも、当時は電通勤務だった高橋の口利きで、大会マスコットのぬいぐるみを製造・販売していた。関口親子は東京大会でもぬいぐるみの製造・販売をしたいと考え、最終的には販売合計金額の1・5％を支払うことで合意し、賄賂の提供を始めた。検察側は、「2％はさすがに高すぎるので、せめて1％にしてほしいと言うと、最終的に間をとって1・5％に決まった」という太嗣の供述調書を読み上げた。

芳弘は被告人質問で「ぬいぐるみはただのモノとは思っていない。観葉植物のように癒やしや優しさを与える」とも語った。だが、製造者としての自負も、国民が東京大会のマスコットに寄せた思いも、賄賂の提供額を値切る「商談」の前にはかすんで見え、杉本は、ぬいぐるみが大好きな1歳の長女のことを思い浮かべた。「娘には聞かせたくないな」。

検察側は、高橋が自身をみなし公務員と認識していたとうかがわせる証拠も提出した。高橋は2018年3月15日、都内のステーキ店で関口親子と会食し、知人の松井譲二が経営していたアミューズに資金を提供するよう指示した。松井は、ゴルフを通じて芳弘とも親交があった。芳弘の供述調書によると、高橋は親子に「俺は組織委の理事なので、直接カネをもらえない。譲二には俺から説明しておくから」と言ったという。太嗣もアミューズを介した資金提供について、「表に出せないお金なんだと、ぼやーっと思った」と、この日の被告人質問で明らかにした。

4月26日の第2回公判で、検察側は関口親子にそれぞれ懲役1年を求刑。地裁は6月6日、2人にそれぞれ懲役1年、執行猶予3年の有罪を言い渡した。

大広は起訴事実を否認

2023年4月17日、大広の元執行役員・谷口義一の初公判が東京地裁で開かれ、これで贈賄側5ルートの裁判が全てスタートした。大広ルートは、地裁刑事第18部の野村賢裁判長（56）が担当だ。

谷口は高橋に対し、大広が電通の販売協力代理店として語学サービス企業のスポンサー契約業務を担えるよう働きかけを依頼。2020年1月と2022年2月、高橋の電通時代の後輩だった深見和政が経営するコモンズ2の口座に計約653万円の賄賂を提供したとして起訴された。

谷口は「事実ではありません」と述べ、起訴事実を否認。弁護側は高橋への資金提供は認めつつ、「個別の請託はない」などと訴え、30分にわたる冒頭陳述を繰り広げた。

大広の協力店入りが決まったのは、法令で組織委理事が「みなし公務員」とされた2015年6月以前で、高橋への資金提供は対価性がなく、賄賂には当たらない。また、大広を協力店にして高橋が手数料を得る枠組みは、高橋と電通の協議で決まったことで、谷口は広告会社間で利益を分け合う業界の慣習「まわし」に似ていることから疑問を抱かなかった——。弁護側はさらに、「谷口は、高橋に語学サービス企業の要望を伝える『伝書バト』にすぎなかった」と述べた。

予想通り、高橋の職務権限や提供資金の趣旨に関する検察側の立証は、基本的には5ルートとも同じ内容だった。裁判は個々に独立しており、同じ証拠でも裁判体によって異なる判断が示されることは少なくない。ただ、5ルートのうち、大広を除く4ルートで贈賄側が起訴事実を認め、次々と有罪判決が言い渡されたことは、今後の公判で起訴事実を否認するとみられる高橋には重くのしかかる結果となった。

談合公判

特捜事件をはじめ、注目される刑事事件では、新聞・テレビ各社が捜査段階から報道合戦を繰り広げることが常だ。だが、汚職事件でも見てきた通り、公判で検察側、弁護側の双方が証拠を提出し、互いに主張を繰り広げる中で、突如として新事実や新証言が飛び出すことも多い。事件の全体像を理解することはもとより、法廷で明らかにされる新事実の意義も即座にくみ取り、限られた時間の中で原稿に集約させていく——。そのために、J担の仕事は事前の準備が生命線となる。

贈賄5ルートがほぼ同時並行に進む汚職事件の公判取材に忙殺されながら、J担の坂本は、談合事件に関する資料を読み進めた。計約437億円に上るテスト大会関連業務や本大会運営業務で談合したとして起訴されたのは、電通グループなど広告・イベント会社6社と、大会組織委大会運営局元次長・森泰夫や電通元スポーツ局局長補・逸見晃治ら6社の担当者。ADKも談合に関わったと認定されたが、公正取引委員会への自主申告により告発・起訴を免れていた。電通とともに受注調整を主導したとされる森の初公判は2023年7月5日に設定されていた。

キャップの森下は「大きな紙面展開になる」と考え、森の初公判取材に坂本のほか、

P担の白井亨佳、遊軍の落合も動員した。事前の取材で、弁護側が冒頭陳述をしないことは把握している。「検察側の冒頭陳述や証拠説明、森の被告人質問が原稿の骨格になる」と3人に指示した。

7月5日午前9時半頃、森が弁護人とともに法廷に向かう。黒スーツにえんじ色のネクタイ姿。森は、東京大会で会場運営の実務を取り仕切り、時にはスポークスマンとして報道陣の取材にも応じていた。マイクを手に記者会見した当時の写真にうつる「やり手」のイメージは一転し、かなりやつれているように見えた。

午前10時、開廷。AOKI公判と同じ104号法廷、裁判長もAOKIと同じ地裁刑事16部の安永健次だ。

「被告ら7人は、（東京大会の）テストイベント計画立案等業務委託契約等について、7社の受注希望を考慮して受注予定事業者を決定し……競争を実質的に制限した」

検察官が起訴状を読み上げるのを、森は時折視線を落としながら聞き入り、罪状認否で「間違いありません」と述べる。森は当初、東京地検特捜部による任意聴取に談合の認識を否定していたが、２０２３年2月の逮捕直前に談合を認める供述に転じていた。坂本らにとって、森が法廷でも罪を認めることは想定通りだった。

関係者取材の「答え合わせ」

検察側の冒頭陳述が始まった。

・森は、テスト大会関連業務の準備が進まず、２０１７年2月が期限だった国際オリンピック委員会（ＩＯＣ）への実施予定提出が困難だったことなどから、業務遂行に危機感を抱き、電通に協力を依頼した

・森は逸見らと手分けして、博報堂などの担当者に受注予定者の割り振りを行っていることや、特段の問題がなければ受注者にテスト大会実施業務と本大会運営業務を随意契約で受注させる方針であることを説明した

・そして、森、逸見らは受注予定者を一覧表にまとめ、共有した

森は被告人席に腰を下ろし、うつむいたまま検察官の言葉を聞いていた。「すでに

把握している内容が多い」と白井は思い、これまで積み上げた関係者取材の「答え合わせ」をしていくような気持ちでペンを走らせる。

ただ、57分間に及ぶ冒頭陳述の最後、検察官は、これまで明らかになっていなかったことを口にする。「電通など7社ごとの売上高は約20億円ないし約104億円、粗利益（売上高から売上原価を差し引いた利益）は約6億円ないし約52億円で、各社とも他のスポーツ大会と比べて高い割合の利益率になった」。また、本大会業務まで含めた各社の合計契約金額は、電通が約74億円、博報堂約56億円、東急エージェンシー約47億円、セレスポが最も高く約113億円で、7社の総額では全体のおよそ95％にあたる約418億円に上っていたことも明らかにされた。

五輪事業には多額の公金が投入されている。7社が最大で50億円超もの粗利益を上げていたことに、白井は「談合の『被害者』は、納税者である国民だ」と怒りを覚えた。

検察側の冒頭陳述は午前11時過ぎに終わった。坂本と白井は法廷を出てクラブに戻り、急いで予定稿を書き換える。

〈五輪談合　罪認める　組織委元次長初公判〉

5日の夕刊は、そういった見出しのもと、1面と社会面のトップで公判の様子を詳報した。

弱り切った「会場運営の責任者」

法廷では冒頭陳述に続き、検察側による証拠の概要説明が始まる。法廷に居残った落合にとっては、初めて聞く話も多かった。

「バスケは電通でしょ」

「バドミントンをやらせたいのは博報堂さんではなく、東急エージェンシーさん」

森は、テスト大会の計画立案業務の入札に先立つ2018年2〜4月頃、各社の担当者から特定の競技・会場の希望を伝えられ、そう話すことがあったのだという。

検察側はまた、電通が受注する予定だった競技会場に、ADKが事前調整に反して応札した際、森は、ADKが組織委に提出した企画提案書や入札価格が書かれた見積書を逸見に手渡していたとも説明した。さらに、森が受注調整に奔走した動機に触れ、

「入札不調で大会に支障をきたす事態や、自身が受注させようとしていた業者以外が受注してしまう事態を回避したかった」「東京大会を自身の差配で成功に導き、その後のスポーツ業界での自身の地位や名誉を保持したいと考えた」などと述べた。

森は起訴事実を認めつつ、被告人質問で、当時の胸中を明かした。スポーツイベントの運営の難しさを聞かれた森は、東京大会を「冬山」にたとえ、「天候がころころ変わる冬山では経験が必要だ」と強調。「多くのトラブルなどが予測される五輪で、スポーツ大会運営の実績がない会社に入札で手を挙げられては困る。現場が混乱する」と釈明した。受注調整についても「明確なことを言わなければ、違法ではないと勝手なルールを作っていた」と話した。

森は、最後に安永裁判長から「当時は五輪成功のためだったと思いますが、今はどう思いますか。談合ではなく、何が必要でしたか」と問われ、「どうだったらよかったんでしょうか。わからないです。何ができたらよかったんでしょうか……」と言葉を詰まらせた。

東京五輪・パラという巨大イベントの運営に自信を持てず電通に泣きついた森と、

電通の力を得てなりふり構わずほかの6社を従わせていった森。夕方まで続いた初公判で、いやというほど森の二面性を見せられた坂本ら3人は、今も安永裁判長の問いに答えられず、弱り切った「会場運営の責任者」の姿に、組織委の絶望的な能力不足を改めて知らされる思いだった。

電通——本大会については認否を留保

東京大会の運営で「一強支配」を作り上げていたとされる電通。一連の事件で、その刑事責任が問われた初めての裁判は7月27日に開かれた。逸見と、法人としての電通を代表する立場で、代表執行役副社長・曽我有信（58）が出廷した。

約3週間前の森の公判では、電通と組織委が「二人三脚」で受注調整を進めた構図が、検察側の冒頭陳述などで明らかにされた。だがこの日の逸見と曽我の法廷での言葉は、起訴事実を全面的に認めた森のそれとは全く異なるものだった。

罪状認否で、2人はそれぞれの立場から「法令違反をおわびする」などと謝罪を口にし、テスト大会計画立案業務について起訴事実を認めた。一方、その後に随意契約で行われたテスト大会実施業務、同じく本大会運営業務に関しては「追って述べる」

として認否を明らかにしなかった。計約４３７億円とされる契約総額のうち、計画立案業務は約５億７０００万円にすぎない。全体の99％について、電通としての認否を先送りしたのだ。

先にも述べたように、独禁法が禁じる不当な取引制限が認定されれば、法人には５億円以下の罰金が科せられる。このほか、公取委の調査で違反が認められれば課徴金納付命令も受け、原則10％の課徴金を納めることになる。さらに「主導者」と認定された場合は１・５倍に加算される。５年以下の懲役または５００万円以下の罰金という個人に比べ、罪の成立に伴う刑事罰や行政処分は格段に重いのだ。

弁護側は法廷で、電通が認否を留保した理由を明らかにしなかった。「談合はテスト大会を入り口として、巨額の利益が見込める本大会まで及んでいた」という構図を描く検察側の主張を受け入れることは、重い刑事罰と行政処分を受け入れるのと同じだ。法廷取材したＪ担の坂本は、「森公判での検察側立証も踏まえ、まずは相手の出方をうかがうということか」と考えた。

８月１日時点で、汚職事件は、起訴事実を否認しているとみられる高橋や、ＫＡＤＯＫＡＷＡ前会長の角川歴彦の公判がまだ始まっていない。談合事件でも、博報堂など5社の公判はこれからで、無罪を主張している会社もあり、法廷での攻防はさらに続く。

あの熱気再び

森の初公判が開かれた2023年7月5日の夜、東京・大手町の読売社会部。締め切りが近づき、大勢の部員がそれぞれ持ち場の取材などに慌ただしい。デスクの稲垣信もまた、パソコンに向かい、原稿処理に追われていた。

3月まで司法記者クラブでキャップを務めていた。4月に社会部デスクになった後は、主に農林水産省や厚生労働省といった省庁のほか、生成AI（人工知能）を巡る問題を担当しているが、この日は五輪談合事件が最大の仕事だった。

クラブの後輩たちが送ってくる原稿や図表を加筆・修正し、完成したものから1面や社会面に出稿していく。隣では、検察担当デスクの尾島崇之が「事実関係を大急ぎで確認して」「この要素が足りない。追加の原稿をすぐ送れ」などとキャップの森下義臣やサブキャップの石浜友理に電話で要求している。熱気の中、稲垣の脳裏には、「あの頃」の記憶がよみがえっていた。

約１年前。組織委理事が特定のスポンサー企業と癒着していた疑惑をつかみ、稲垣は、調査報道として打ち出すことを誓った。サブキャップの早坂剛幸とともにＰ担４人が送ってくる膨大な取材メモを読み込み、尾島と話し合い、原稿の形をイメージする。朝から晩まで、頭の中には「五輪利権」があった。

東京地検特捜部も捜査のメスを入れようとしていたこの疑惑。稲垣個人はこう考えていた。「刑事事件になるかどうかにかかわらず、徹底的に追及する」。

高橋とＡＯＫＩ側の資金のやりとりが浮かんだとき。「民民」のコンサルタント契約に基づいて正当な報酬を受けたという高橋の発言を聞いて、強烈な違和感に襲われた。組織委理事は大会運営に責任を持つ公職ではないのか。理事という理事があなたと同じように個別のスポンサーから、金銭を受領し、それぞれ特定の民間企業の利害を優先していいと言うのか。それで胸を張って「公正・公平な大会だった」と言えるのか――。

だが、頭で「許せない」と考えるだけでは、報道として世に打ち出すことはできない。稲垣は、Ｐ担や遊軍の記者たちがつかんできた要素に満足せず、「確実」と言えるまでさらに調べ、ウラを取るよう求め続けてきた。「記事を出すときに一片の曖昧さも残さない」。記者生命をかけても譲れない、そんな一線があった。

後輩たちは、自分が課したハードルを何度も乗り越えてくれた。益子晴奈、徳山喜翔、鈴木慎平、白井亨佳というP担4人の手による7月20日朝刊の初報だけではない。KADOKAWA前会長ら関係者取材に奔走した遊軍の糸井裕哉、電通の内部資料を分析して「一強支配」ぶりをあぶり出した竹内駿平や落合宏美、談合疑惑の端緒となる情報を聞き出した都梅真梨子……。記者たちは自分と同じように、東京大会を巡る不正に憤り、解明を阻むあらゆる壁をぶち破って、多数のスクープを世に送り出してきた。

特捜部が立件しなかった問題も世に問いかけた。日本代表選手団の公式服装を巡り、当時の日本オリンピック委員会（JOC）幹部が高橋の働きかけを受け、受注を熱望していたAOKI側に服装案を助言したとされる疑惑だ。逆に、取材で詰め切れず、または事実が曖昧なため、稲垣自身の判断で報道しなかったことも多数ある。

チームによるロングラン取材の中で、稲垣はその都度、覚悟と判断を求められてきた。「新事実」の把握に小躍りしたことや、慎重になりすぎて上司に「覚悟を決めろ」と迫られたことも、一度や二度ではなかった。

談合事件の初公判を伝える記事をチェックする。ニュースをきちんととらえているか、事実関係に間違いはないか、言葉や表現は適切か――。濃密だったこの約1年間だけではなく、22年前に新聞記者になってから毎日繰り返してきたことだ。きっと明日も同じだろう。

あとがきにかえて

「日本一丸　東京に聖火」。２０１３年9月10日の読売新聞朝刊（東京本社最終版）は、1面トップで、２０２０年夏季五輪・パラリンピックの東京開催決定を大見出しで伝えている。その下には、猪瀬直樹・東京都知事、招致委員会の理事長を務めた竹田恒和・日本オリンピック委員会（ＪＯＣ）会長（いずれも当時）、フリーアナウンサーの滝川クリステルさんらが笑顔でガッツポーズを決める横長の写真。社会面でも「最終演説　日本輝く」『２０２０東京』明るく」（東京本社最終版）といった見出しの下、国民の喜びを余すところなく伝え、この日の紙面は１９６４年に続き2回目となる「東京五輪」への祝福一色に染まった。

新国立競技場建設計画の白紙撤回、新型コロナウイルスの感染拡大による1年延期と無観客開催、女性蔑視《べっし》と受け取れる発言をした森喜朗・元首相の組織委会長辞任……。開幕までには数々の問題が起き、混乱も招いた。それでも、五輪では27個の「金」を含むメダル58個を獲得し、パラリンピックでも51個のメダルを得るなど、世界を相手にした選手の活躍ぶりがコロナ禍の日本を照らした。大会中は延べ約29万人の関係者が安全な運営に向けて尽力した。東京五輪・パラは紆余《うよ》曲折を経ながらも、閉幕に至るまで国民の理解に支えられ、成功した大会だったのだ。

大会を巡る汚職事件と談合事件は、国民の祝福や理解を決定的に裏切り、開催の名誉を踏みにじった。大会運営の責任を背負う一握りの人物と会社が結託し、華やかな舞台の陰で利権をむさぼっていた。周囲には実態を知りながら見て見ぬふりをし、東京地検特捜部の捜査が及ぶまで沈黙を決め込んでいる人もいた。二つの事件は、開幕までの数々の混乱とは比較にならない、いわば致命傷だ。

取材班の各記者が集めた無数の証言や資料からは、二つの事件に通底する発想が見えてくる。五輪という世紀のイベントの成否を握っているのは自分だ。だから、何をしても許される——という甘えの発想だ。

「僕がトップ外交で話をつけた」――。受託収賄罪で起訴された大会組織委員会の元理事・高橋治之被告は記者の取材に、スポンサー集めの「功績」をそう誇ってみせた。組織委理事という公的な立場でAOKIやKADOKAWAなど特定企業の五輪事業参入に動き、企業から自身のコンサルタント会社などで私的に資金を受け取ることに、後ろめたい気持ちはなかったのか。高橋被告に「マーケティング担当理事」の職務を授けた組織委元会長の森喜朗・元首相はもちろん、なんら監視の役目を果たせなかった組織委の幹部たち、高橋被告の指示を受けて特定企業の便宜を図った組織委職員や電通社員たちも、道義的な責任を免れることはできない。

電通の振る舞いも問題だった。組織委のマーケティング専任代理店として大会運営のためにスポンサーを集めるという使命を帯びていながら、取材では、「成功報酬型」の手数料獲得スキームを導入させ、組織委の意向に反して利益の追求に走った姿が浮かび上がった。談合事件でも組織委大会運営局元次長・森泰夫被告とともにテスト大会や本大会の運営を受注調整し、400億円以上に達する委託費を同業他社と分け合って利益を確保していた。「五輪は電通にしかできない」。外部の弁護士らによる調査検証委員会が指摘したそんな「おごり」が、今回の事件の背景にあったと言える。

全ては閉ざされた空間の中で進められていた。組織委は情報開示に応じず、スポンサー契約やライセンス商品の選定などの詳細、電通がいくら手数料を得たのか、など一切不明のままだ。談合で委託費がどれほどつり上げられたのかも検証できない。国や東京都、日本オリンピック委員会（JOC）は利益相反を調べる外部機関の設置など再発防止をうたっているが、その出発点であるはずの事件の検証や責任者の処分が十分ではないため、スポーツ大会に寄せる国民の信頼は失墜したままだ。

読売新聞が2022年7月20日付で報じた最初のスクープと、それに連なる一連の報道は、「ブラックボックス」の中でうごめく醜い利権の存在を暴いてみせた。記者たちは、東京五輪・パラという輝かしい大会を汚されたことの重大さを胸に、昼も夜もなく多くの関係者を訪ね歩き、証言を集め、公的資料などと突き合わせて真相を見極めた。「取材なくして批判なし」。社会部で検察担当デスクを務める私はこの信念の下、取材の積み重ねで事実だと確信を持てた情報のみを紙面に掲載してきたつもりだ。

特捜部が起訴・在宅起訴した被告の刑事裁判が進行中であり、これから法廷でどんな新事実が明るみにされるかもわからない。そして、国際的な大会を再び日本で開くために必要な国民の信頼回復も途上だ。われわれはこれからも取材を続け、事実を伝えていくとともに、次世代への教訓を導き出していかなくてはならない。事件はまだ終わっていない。

取材・執筆は、早坂剛幸、都梅真梨子、益子晴奈、徳山喜翔、鈴木慎平、白井亨佳、森下義臣、石浜友理、柏原諒輪、竹内駿平、糸井裕哉、落合宏美、福元理央、佐藤果林、板倉拓也、杉本和真、坂本早希、高田結奈、中薗あずさ、藤亮平、福益博子、小川朝熙《あさき》の各記者が担当し、稲垣信記者と尾島が編集した。

本編では、原則として敬称・呼称を略し、年齢は取材当時としたほか、取材源を秘匿するため、登場人物の一部を匿名とし、詳細な経緯を省いた部分があることをお断りしておきたい。

最後に、取材成果を書籍にするよう勧めてくださった中央公論新社の金澤智之氏に心から感謝申し上げたい。

2023年9月

読売新聞東京本社社会部次長　尾島崇之

五輪《ごりん》汚職《おしょく》
――記者《きしゃ》たちが迫《せま》った祭典《さいてん》の闇《やみ》

2023年9月25日　初版発行

著　者　読売新聞社会部取材班《よみうりしんぶんしゃかいぶしゅざいはん》

発行者　安部順一

発行所　中央公論新社

〒100-8152　東京都千代田区大手町1-7-1
電話　販売　03-5299-1730　編集　03-5299-1740
URL https://www.chuko.co.jp/

DTP　今井明子
印　刷　図書印刷
製　本　大口製本印刷

Published by CHUOKORON-SHINSHA, INC.
Printed in Japan　ISBN978-4-12-005693-2 C0036
定価はカバーに表示してあります。
落丁本・乱丁本はお手数ですが小社販売部宛にお送りください。
送料小社負担にてお取り替えいたします。

中央公論新社　好評既刊

情報パンデミック

あなたを惑わすものの正体

読売新聞大阪本社社会部 著

米大統領選→コロナワクチン→ウクライナ侵攻、次々に連鎖する陰謀論。誤情報をネットで流布する匿名の発信者を追い、デマに翻弄される人々の声を聞く。

単行本

中央公論新社　好評既刊

孤　絶

家族内事件

読売新聞社会部 著

介護殺人、ひきこもり、児童虐待、孤立死……問題を内に抱え込んでしまった家族に起きた悲劇。いつ誰の身に起きるとも限らない事件の背景に迫る。

単行本